品牌吸引力

吸引力

数字时代**品牌**体验**变革**

[美] **史蒂夫·G. 索奇蒂格**（Steven G. Soechtig）——— 著　　徐　茵——译

中国原子能出版社　　中国科学技术出版社

·北京·

Make Your Brand Matter: Experience-Driven Solutions to Capture Customers and Keep Them Loyal by Steven G. Soechtig.

Copyright © 2022 by John Wiley & Sons, Inc. All rights reserved.

ISBN 9781119860341.

All Rights Reserved. This translation published under license with the original publisher John Wiley & Sons, Inc.

Simplified Chinese translation copyright by China Science and Technology Press Co., Ltd and China Atomic Energy Publishing & Media Company Limited.

北京市版权局著作权合同登记　图字：01-2023-0808。

图书在版编目（CIP）数据

　　品牌吸引力：数字时代品牌体验变革 /（美）史蒂夫·G. 索奇蒂格（Steven G. Soechtig）著；徐茵译 . — 北京：中国原子能出版社：中国科学技术出版社，2024.2

　　书名原文：Make Your Brand Matter: Experience-Driven Solutions to Capture Customers and Keep Them Loyal

　　ISBN 978-7-5221-3159-7

　　Ⅰ.①品… Ⅱ.①史… ②徐… Ⅲ.①企业管理—品牌战略—研究 Ⅳ.① F272.3

　　中国国家版本馆 CIP 数据核字（2023）第 228887 号

策划编辑	褚福祎	责任编辑	付　凯	
文字编辑	褚福祎	版式设计	蚂蚁设计	
封面设计	创研设	责任印制	赵　明　李晓霖	
责任校对	冯莲凤　张晓莉			

出　　版	中国原子能出版社　中国科学技术出版社
发　　行	中国原子能出版社　中国科学技术出版社有限公司发行部
地　　址	北京市海淀区中关村南大街 16 号
邮　　编	100081
发行电话	010-62173865
传　　真	010-62173081
网　　址	http://www.cspbooks.com.cn

开　　本	880mm×1230mm　1/32
字　　数	163 千字
印　　张	8.25
版　　次	2024 年 2 月第 1 版
印　　次	2024 年 2 月第 1 次印刷
印　　刷	北京盛通印刷股份有限公司
书　　号	ISBN 978-7-5221-3159-7
定　　价	69.00 元

（凡购买本社图书，如有缺页、倒页、脱页者，本社发行部负责调换）

一本书的开头在选择引用一个历史人物时，莱夫蒂·戈麦斯（Lefty Gomez）很少有幸被选到。这可能是因为大多数人都没有听说过他。说实话，如果不是因为谷歌，我也不会知道他。事实上莱夫蒂·戈麦斯是纽约扬基队（New York Yankees）和华盛顿参议员队（Washington Senators）的全明星投手，他的职业生涯是从1930年到1943年。

我了解了莱夫蒂和他的故事之后非常欣赏他，无论是在场内还是场外，他都是一个非常有趣的人。他在加利福尼亚州出生和长大，于1930年与扬基队签约（在旧金山海豹队短暂效力后），在大萧条的艰难岁月里一直打球。

起初，这条路并不容易。1931年，扬基队对莱夫蒂的投球速度和他的体型感到担忧——莱夫蒂身高6英尺2英寸，体重155磅（身高约1.82米，体重约68千克）——所以队医遵循当时的标准医疗方案，拔掉了他的大部分牙齿——这通常是医生治疗一般疾病的第一步，这种做法几年后就被放弃了——同时要求他每天喝3夸脱（约2.8升）的牛奶。如果你需要一个理由来赞赏现代医学的进步，就想一下当年莱夫蒂和他几乎没有牙齿的生活吧。

有趣的是，这个策略奏效了，通过职业生涯的这些早期经历，莱夫蒂确立了自己作为球队精英球员的地位。事实上，从1933年到1939年，他每年都被选为全明星赛的投手。而在职业生涯的黄金十年里，莱夫蒂开始与伤病做斗争，而且，就在美国准备加入第二次世界大战的时候，莱夫蒂在波士顿勇士队（Boston Braves）和华盛顿参议员队之间交替效力，同时在休赛期为通用电气河间工厂（General Electric River Works）工作。同样有趣的是，该工厂是美国第一个生产喷气式发动机的工厂。目前还不清楚莱夫蒂是否真的曾将他的手放在正在生产的第一批喷气式发动机上，但这显然是可能的。

在棒球之外，莱夫蒂成为一个受欢迎的演讲者，分享他在球场上与贝比·鲁斯（Babe Ruth）、乔·迪马乔（Joe DiMaggio）、古斯·戈斯林（Goose Goslin）、卢·格里格（Lou Gehrig）和迪西·迪恩（Dizzy Dean）等传奇人物的故事。他以其喜剧性的机智而闻名，他会向观众讲述球场内外的故事。1983年，莱夫蒂作为1933年全明星赛的最后一名在世球员而受到表彰。在扬基体育场的纪念公园和加州罗迪欧（Rodeo）的莱夫蒂·戈麦斯球场都有纪念他职业生涯的奖牌。

坦率地说，我不是一个狂热的棒球迷。无论是职业联赛、大学联赛或预备役比赛，我从来没有主动地玩过这项运动，也不是这项运动的粉丝。我坦率地承认，我很难说出我家乡科罗拉多洛基队的首发阵容，更不用说找出20世纪30年代的最佳历史球员了。也就是说，鉴于莱夫蒂·戈麦斯的精彩故事和历史上的成功经验，他似乎是一个我应该知道的名字。他被认为是许多伟大球员的同行，并且是备受尊敬的棒球名人堂的成员。

因此，不幸的是，我不认识他，但有趣的是，事实证明，我其实知道他。很可能，你也知道。我和大多数人一样，知道莱夫蒂·戈麦斯是因为他的那句话。那句话是什么？莱夫蒂·戈麦斯因创造了"运气比优秀重要"这句话而闻名。

🔁 运气比优秀重要

毫无疑问，我在几个方面都很幸运。在过去的30年里，我非常幸运地打造了一个专注于利用新兴技术，创造能提高客户感知、忠诚度和参与度的体验的职业生涯。虽然技术已经发生了巨大的变化，但技术影响力的概念却没有变化。它一直保持着一套一致的主题：简化、个性化和加速。

我很幸运地与横跨了十几个行业和20多个国家的品牌合作。我帮助品牌进入新的市场，吸引新的细分人群，改变他们核心的以社会经济划分的客户，重新定义客户对品牌的看法。最重要的是，通过引人入胜的、直观的和独特的体验实现其战略业务目标。

20世纪90年代初，当体验技术创新开始加速时，我很幸运地从学校毕业了。我也是在经济衰退中走出校门的，所以我同样幸运地在当时最具创新性的体验组织之一——美国电话电报公司（AT&T）的解决方案业务中找到了一个职位。这个团队专注于改善全球公司的客户体验，而我在职业生涯的最初阶段就被推到了这个改善挑战的中心。

我很幸运地在一个前所未有的技术大发展时期工作。在经历了数百年稳定增长的创新率之后，20世纪90年代是变化速度从陡峭的线性曲线转为指数级爆炸式增长的10年。在互联网刚刚起步的时候，体验行业还没有依托于浏览器，而是专注于呼叫中心的集成技术，用来改善与电话客服打交道的糟糕的体验。没有什么比随处可见的800电话更让人恐惧的了，它需要漫长的等待：令人烦躁又乏味的等待音乐、重复的要求你耐心等待的语音，和迂回曲折的交互式语音响应菜单。

当客户通过了自动化的迷宫，他们往往会遇到一个不知道是谁的人工客服，不了解他们与品牌的关系，也不知道他们为什么打电话。这的确是体验的黑暗时代，而这种痛苦带来了大量的机会。我们将在本书的前几章说到，这是数字体验设计的基础，它塑造了我们采用至今的策略。

在数字参与真正来临之前，我很幸运地参与了一个专注于数字参与战略、设计和技术的研究生课程。在那个年代，它被称为分发平台。真正的创新者已经认识到其潜力，但鉴于马克·安德森（Marc Andreessen）和他的一群富有远见的创新者刚刚推出网景（Netscape）浏览器，数字参与只能说尚处于前奏阶段。

1998年，我很幸运地被德勤的客户参与小组聘用。在几个月内，我被要求加入一个小团队，创立并建立业界最早的数字体验机构之一的圆拱公司（Roundarch），这是一家由德勤、远景（BroadVision）软件公司和WPP集团（全球最大传播集团）共同出资成立的合资企业。我当时很年轻，充满对成功的渴望，并有机会组建和运营一个团队，来负责识别和定义下一波的体验能力。那是一个令人难以置信的时代，这个团队成功地为客户部署了一些最早的、真正的全渠道体验解决方案。我们从客户第一次接触品牌的那一刻起就开始追踪他们的旅程，我们建立了通用的识别变量，使公司可以追踪和了解客户在每个渠道的活动，包括网络、呼叫中心、现场、电子邮件和直邮（是的，直邮在1998年依然有用）。我们利用这些数据在各渠道创建了引人入胜的、个性化的可视化和内容，唤起了客户的积极情感反应，同时简化了每一次互动。最终，我们开始利用这些数据来创建渐进式的互动策略，使每个客户关系的价值和生命周期最大化。这些概念成为现代客户关系管理（Customer Relationship Management, CRM）和从客户获取客户忠诚战略的基础，今天，很多品牌都在采用，我们将在本书中探讨。

在离开圆拱公司之后，我有幸成为一个团队的成员，该团队发起、运行并最终退出了一个富有吸引力的初创公司——管弦乐队（Orchestra），这个公司专注于下一代沟通渠道以及如何通过这些渠道管理沟通。与创业团队一起工作是一个令人兴奋的经历，提高了个人的灵活性，因为每天都会面对新的挑战，这往往决定着组织的成败。如果这听起来很耸人听闻，那么说明在你的职业生涯中很可能没有创办过一家新公司。这是一个高压力的环境，它激发了真正独特的创造力和快速分析能力。

我很幸运地参与了两家为品牌和客户提供下一代数字化体验的初创公司，促进了新渠道（电子邮件、文本和网络）的结构化沟通方法，这在以前是不可用的，而且通常是不受控制的。这也带来了巨大的风险——分享信息或传递不适当的信息、违反监管规定或违反安全协议的可能性——这需要严肃的监督和管理。此外，仅在聊天界面上促进对话，需要对单词和短语进行仔细的算法控制，因为没有机会对面部表情、声音变化或肢体语言等关键线索做出反应。鉴于体验在维持品牌和客户之间关系方面的关键性，遵守这条路线是至关重要的，这需要在战略、语言学和客户研究方面进行大量投资。更重要的是，体验对品牌定义的影响开始显现，包括意识到开始用体验来定义品牌，而不是仅仅反映品牌。我们将在本书的各个章节中对此进行详细的阐述。

在又创办了另一家新公司后，我很幸运地在2013年有机会重新加入德勤，协助德勤数字化团队在美国和全球范围内的业务扩建。德勤数字化团队早期增长的催化剂是iPhone和安卓智能手机的普及。从华盛顿州西雅图和科罗拉多州丹佛的两个体验设计和交付工作室开始，工作室扩展到全美，最终扩展到全球，每个工作室都专注于打造吸引人的、直观的、新颖的体验，将客户和品牌联系起来。智能手机为构建全渠道互动策略开辟了新的机遇，因为手机成了口袋里的互动计算机，可以提供从动态交易服务到基于位置的主动通知等一切服务。随着时间的推移，新的功能不断涌现，也引入了新的数字参与和连接方法，有远见的品牌利用这一点将自己从竞争中脱颖而出。本书将详细介绍这一演变以及这一技术革命所带来的战略转变。

在这之后，我在著名的麦肯锡公司担任专家合伙人和埃森哲公司担任董事，专注于消费者营销和参与战略。出于对麦肯锡保密标准和要求的尊重和遵守，我不会分享我在麦肯锡完成的任何工作的细节，但这段任期确实为我提供了一个机会，让我更好地了解全球品牌是如何在最高战略层面上推进他们的判断，即体验对品牌的影响和品牌对体验的影响。在埃森哲，我同样有机会与专注于B2B和B2C体验战略的品牌合作，进行持续的测试和学习，以衡量不同市场的反应，并根据客户对我们促销信息和定位主张的实时反应调整参与战略。

在担任WPP集团的高管时，我有机会与行业内一些最有创意的人合作，而这些人又与各自行业内最精明的品牌合作，制定与众不同的营销策略。这些品牌站在品牌和体验战略的最前沿，认识到后数字化转型时代带来的独特挑战。这些品牌一直在探索的与众不同的方法，成了本书的催化剂。

我很幸运能够接触到客户、决策，以及各种体验计划的成功和失败。我很幸运，在人类历史上最具变革性的技术革命来临之际开始工作。在我的职业生涯中，我很幸运地与营销行业中一些最聪明、最有创造力的人在一起。最后，我很幸运地得到了一系列的机会。真的，我的运气比实力更多，我很高兴有机会通过在本书中分享这些见解来回报这种好运气。

📌 对本书的期望

在我们讨论具体内容前，有必要为本书设定几个基本的原则。

第一，这本书并不是一本关于品牌或体验战略的基础教程。市场上有几十本优秀的书深入浅出地介绍了这两个主题，所以如果你对此感兴趣，那么我建议你去探索其中一些书。如果你通过自己最喜欢的书店购买他们，这不仅会给你最好的选择，让你获得对这个主题的深度探索和洞察力，而且事实上它还会帮你加深对本书中关于体验重要性内容的理解。就我个人而言，我建议访问一个能提供对各种标题进行指导式和渐进式搜索的网站，它会帮助你根据具体风格和需求找到最佳结果。

第二，本书的目的是详细介绍那些表现优异的品牌，对他们从数字化转型时代到现在的后数字化转型时代的发展历程和战略的具体解析。每个品牌示例的重点是提供一个有代表性的案例，说明该案例采用了本书推荐的策略之一，并利用体验来定义品牌。从通过传播建立品牌到通过体验建立品牌的转变是不可避免的，而这些技术是你可以用来在这个新时代获取成功的方法。

第三，这本书参考了一系列行业中的品牌。我想开诚布公地承认，我高度尊重和重视以下章节中提到的每个品牌。我与他们互动过，我与其中一些品牌直接合作过，而且，我对其中一些品牌很忠诚。正是通过这种偏爱，我选择了讲述他们都做了什么、如何做的以及为什么他们是一个成功的例子，代表了所推荐的方法和行动。也就是说，我只会提供在公共领域中已有的关于品牌战略或体验方法的见解，而且我已经尽量细致地记录具体的参考资料和统计数据，以便你有机会更详细地调查来源。这一点很重要，因为，在过去的30年里，我有机会为许多品牌和他们的执行团队提供咨询，而这个行业的一个关键原则就是保密。虽然了解各公司董事会的内部运作和体验团队的内部讨论肯定会使阅读更有启发性，但在我的职业生涯中，我从未违反过客户保密规定，我当然也不会为了这本书这样做。也就是说，我将在本书中提供很多一般性的见解，这些对于我的客户来说并非特别的机密。

第四，这是一个有趣的话题，我希望本书能保持一种轻松有趣的基调。正如我之前提到的，在我的职业生涯中，我非常幸运地得到了很多机会，我也同样幸运地在这一过程中得到了乐趣。生活已经够严肃的了——如果我们找不到不时微笑和大笑的机会，这是一个漫长的旅程。希望这本书能提供一些让您开怀一笑的机会，在品牌努力获得、保留和加强与客户的关系时，意识到这个话题所能带来的快乐。

好了，下面我们开始吧。

目录

第一章

品牌战略的极简史

在回顾品牌历史的时候，许多营销人员会经常提到那些久经考验的标志性品牌定位。大多数人都能说出那个告诉我们要"Just Do It"（只管去做）的品牌。同样，上了年纪的人也知道，如果一个包裹"必须一夜之间送达"时应该使用哪个快递品牌。当然，这一代人也会记得，是什么动物回答了"要舔多少次才能舔到托特丝棒棒糖（Tootsie Pop）的中心"这个问题。我们还知道，可口可乐会带来微笑以及最近那个"投资15分钟可以节省15%保险费"的主张。这么多的品牌主张让人们终生难忘，几十年来，他们对人们的参与和购买决策产生了积极的影响。

然而，正如所有营销专家所知，品牌标语并不能完全代表品牌战略，品牌战略远不止是使用广告和标语来推广产品。关于品牌是什么，企业家网（Enterpreneur.com）提供了深刻的见解："品牌是通过创造一个名称、符号或是设计，帮助消费者识别一个产品，并将该产品与其他竞争产品相区分的营销实践。"更好之处在于，这个定义与商学院通过那些优秀的营销案例所传授的理念相一致，即"品牌是你对消费者的承诺。品牌能告诉消费者，他们能对你的产品和服务抱有何种期望，并将你的产品与竞争对手的产品区分开来。你的品牌来自你是谁，你想成为什么样的人以及人们认为你是什么样的人"。因此，你无须再花费22.3

万美元的高价去听哈佛大学商学院的课程了——他们的理念是一样的。

🔵 现代品牌战略的兴起

可以说，20世纪是开创现代品牌战略的时代。今天仍然健存的卓越品牌，包括可口可乐、福特、高露洁和香奈儿，都是在19世纪末、20世纪初推出的。其他的品牌如迪士尼、宝洁、耐克则稍晚一些，但仍具有标志性。标志性品牌苹果，也是在数字时代来临之前推出的。这些品牌都在他们所处的新兴品类中提供了独特的价值主张，并且在品牌生命历程中不断发展其定位。可能更重要的是，企业已经意识到，品牌定位是一种承诺，承诺消费者使用其产品或接受其服务所获得的体验将满足甚至超越承诺。

虽然这些品牌中的每一个都经常被誉为其品类中的卓越品牌，但实际情况是，这些品牌最初被推出时，市场上已经有其他品牌了。例如，亨利·福特经常被外行认为是汽车工业的创始者。其实当福特在1903年创办公司时，汽车市场上已经有了标致、奔驰、奥兹莫比尔（Oldsmobile）、路虎、凯迪拉克、雷诺和菲亚特等产品。其中的标致公司被公认为是第一家汽车企业。

标致公司于1810成立，最初是一家咖啡公司，1830年它转向自行车行业，1842年又转向盐、胡椒和咖啡研磨机行业，最后在1882年转向汽车行业。在花了7年时间重新定义其公司战略后，其于1889年向市场推出了第一辆汽车。

有趣的是，标致公司推出的第一个车辆产品是一辆蒸汽三轮车，由于太不可靠而无法大规模生产。显然，这是一个值得单独出书的故事了。我非常期待有人最终会将一辆蒸汽三轮车带入拉斯维加斯的金银典当行，这样我们就可以在历史频道的《典当之星》（Pawn Stars）节目中看到这个老古董了。

当然，汽车的核心是发动机，这要归功于戈特利布·戴姆勒（Gottlieb Daimler）和卡尔·本茨（Karl Benz)。这两位德国工程师实际上从未见过面，他们独立创造设计了第一台现代汽车发动机，在此基础上，梅赛德斯–奔驰品牌诞生了。

此外，兰斯姆·E. 奥尔德（Ransom E. Olds）被认为因制造了第一辆大容量汽油动力汽车"奥兹莫比尔R型车"（Oldsmobile Model R）而广受赞誉，其车型有一个标志性的弯曲前挡板，其变速器由道奇兄弟（Dodge brothers）设计。奥兹汽车公司（Olds Motor Vehicle Company）在第一年生产了635辆汽车，而且众所周知的是在1903年到1904年，奥兹是销售情况最好的汽车公司之一。

🌀 品牌与体验的交集

鉴于所有这些品牌、技术和产品在亨利·福特和福特汽车品牌于1903年出现之前就已上市，福特是如何创造品牌并确立自己作为创始者的地位，进而定义了这个行业？答案是，福特创造了一个符合明确市场需求的独特产品，并且提供了一种与竞争者相区别的交付体验。福特在最早的品牌宣传中与广大消费者建立了情感的契约，强调这是一辆美国制造的、以汽油为动力、大众能买得起的汽车。它在1905年为新推出的C型车制作的印刷广告中，自信地向外界发布了品牌主张："不用试了，买一辆福特就行。"

更为昂贵的B型车在印刷品上做了广告，并进行了大胆的定位。"在纽约展会上，经验丰富的汽车人对亨利·福特的先进理念赞不绝口，都很好奇'今年福特会有什么表现？'"这个问题是对"汽车界期待着亨利·福特对机动车辆的终极完善"的佐证。福特将自己定位为无可争议的创新和质量领导者，提供了能将无与伦比的动力和舒适性结合在一起的卓越设计。结合其价格（1903年从800美元到2000美元不等，按2022年的通货膨胀率调整，约为25 000美元到65 000美元），其确实是大众买家的一个选择。福特汽车公司在一个人们买得起的价位上创造了一个独特而排他性的品牌定位，这使其能够主导早期市场，并使普通人在驾驶早期福特汽车时感到自己是个贵族。

但是，福特早期的成功并不能完全归因于采用了一个聪明而引人注目的品牌定位。除了开发出一个与美国广大汽车购买者相联系的品牌，亨利·福特的企业家精神和在制造业方面的开拓性创新，也提供了一个品牌和体验相融合的早期独特的范例。尽管当时他的竞争对手，包括奥兹和凯迪拉克，都是通过商品销售目录或独家零售店来销售汽车的，而亨利·福特则通过经销商网络出售他的首批车型——R型、S型和其他车型，这种渠道为消费者提供了从上到下配置车辆的机会，满足了他们的需要、欲望和价格点。消费者可以通过触摸和感受产品来详细地了解这辆汽车，经销商的销售人员经过培训后可以洞察消费者表达出来的和隐含的需求，这些都增加了消费者对产品本身的满意度，同时也增加了在换新时重复购买的可能性。此外，福特汽车的制造效率卓越，这让它能迅速优化装配线。这些改进将制造一辆汽车所需的时间从12.5小时减少到1.5小时，而这反过来又使客户能够迅速获得他们预订的汽车。福特并不像现在的汽车品牌那样对客户定制友好，福特有句名言："客户都可以把车漆成他想要的任何颜色，只要是黑色的就行。"但他能够将所有部件的生产引入底特律的单一工厂里，这确保了客户几乎可以随即坐进他们定制的T型车里面。

这种品牌定义和体验优化的融合所产生的影响是显而易见

的：福特汽车公司在1913年至1927年售出了超过1500万辆T型车。事实上一度绝大多数的美国人都拥有一辆福特汽车。这在短时间内是一个了不起的成就，特别是与1903年不到1000辆的总产量相比。福特公司将这种市场领先地位保持了几十年，但它最终没能持续聚焦于关键的对品牌与体验的融合，这一点我们将在下面的"体验的关键性"部分进行更详细的研究。

抛开福特不谈，让我们来回顾一下另一个在现代品牌战略的早期，将品牌和体验结合使用来创造超常增长的案例，即泛美航空。在1970年，它一度是世界上最大的国际航空公司，年运送1100万人次的乘客，航线覆盖86个国家和地区。虽然它在1991年破产清算，但泛美航空在30年后仍然是一个知名的品牌，可以唤起几代人的独特反应，甚至包括那些在泛美航空运营高峰期还未出生的人。

泛美航空，与福特汽车类似，是一个体验创新的故事。它的起源是一个体验式销售的故事，这个概念我们将在第五章"销售体验，而不是产品"中重点讨论。在成立商业客机之前，它在佛罗里达州的基韦斯特（Key West）和古巴的哈瓦那之间运营了一个邮递航线，这是一条相对简单的105英里（约168.98千米）的航线，跨越佛罗里达海峡。虽然这项业务提供了一个稳定的收入来源，但企业的创始人胡安·特里普（Juan Trippe）对航空业具有远见卓识，他发现了一个在这个禁酒令时期满足客户关键需求的机会。特里普的泛美航空开始与百加得（Bacardi，起源于古巴的朗姆酒品牌）合作，在基韦斯特和哈瓦那之间的这条航线上做广告，为普通美国人提供了躲避禁酒令和到古巴的阳光下享受朗姆酒的机会。这个以体验为主导的简单经营举措，很快导致泛美航空的航线网络扩展到加勒比海和南美洲的其他航线。

泛美很早就意识到热带目的地的吸引力在增加，所以它购买了一支水上飞机航队，即飞剪（clippers，泛美航空旗下大多数飞机以此命名），可以在没有合适的商业飞机跑道的目的地附近的水中降落。利用这种方法，它创造了一个独特的旅游市场，并成为企业快速扩张的动力。泛美航空的产品迅速变得与众不同、独一无二，这同样是其成功增长战略的根基。

然而值得称道的是，特里普是早期能认识到产品的与众不同可以直接与体验相联系的企业家之一。因此，他从最早的时候就资助技术投资，泛美航空被认为是我们今天航空旅行诸多创新的开创者，包括空中交通管制系统的建立、现代航空程序和增压飞机的引入。所有这些进步都是为了创造更好的乘客体验，扩大泛美航空豪华旅行的品牌主张而进行的。

有趣的是，鉴于其在早期飞行使用水上飞机，泛美航空的飞行员制服是按照海军制服设计的，这就是为什么今天美国的商业飞行员仍然穿着以深蓝色为主的制服的原因。这使人们进一步感受到了泛美航空早期所定义的尊贵的飞行体验。

几十年来，泛美航空不断发现改善飞行体验的机会，同时从两个方面定义飞行体验：实际的飞行行为本身，以及客户从飞行中获得的体验。这种多维度的方法是我们今天认为理所当然的融合理念的最早实践之一。更具体地说，泛美航空建立了直到今天全世界人民都认可的航空旅行的标准。它发现了航空旅行走入大众市场的商机，并率先推出了具有独立体验和较低价格的"经济"舱。

最重要的是，泛美航空认识到奢侈品对感知的力量，利用早期航空旅行的神秘感创造了一个真正独特的品牌和体验融合。从空姐穿的别致的制服（她们看起来就像从米兰的秀场上走到了泛美航空的飞机上）到飞机内部的装饰，再到空中提供的美食，泛美航空的体验印证了那句话："航空旅行关乎目的地，同样也关乎整个旅程。"泛美航空在接下来的30年里继续投资于体验，成为第一家投资喷气式飞机的航空承运人（使它的旅行既远又快，改善了旅行的体验）；建立了加压航空旅行，使其飞机能够在恶劣天气下飞行，避免了令人不舒服的气流颠簸；并且是第一家投资了25架747飞机机队的承运人；驾驶世界上第一架巨型喷气式飞机穿越大西洋、太平洋。不难想象，当乘客身着最漂亮的服装，走下喷气式飞机的廊桥，登上飞机，再走上楼梯到达飞机上层时，泛美航空能够创造出一种尊贵的体验感。这确实是一个盛景，泛美航空品牌的魔力后来在明星云集的电视剧《泛美航空》

中得到了演绎和复现，该剧于2012年播出了14集。

我们还可以借鉴其他几十个例子，包括四季酒店和它在全球拥有的100多家豪华酒店、路易威登和它在巴黎的旗舰零售店以及永利度假村在拉斯维加斯对那些豪赌者的款待。奢侈品牌很早就明白，奢侈品是通过体验来定义的。无论品牌承诺还是品牌契约，都是由体验来定义的，因此，体验对品牌至关重要。然而，在这个时代，品牌的定义仍然独立于体验，一旦品牌定位被传达给个体消费者，那么体验的作用就是加强和确认品牌承诺。鉴于大多数消费者的体验都是单渠道的——只有实际体验——因此顺序是先有品牌后有体验。

话虽如此，需要注意的是，尽管有这个清单，但并非所有的历史案例都是基于奢侈品的。霍华德·约翰逊（Howard Johnson）的路边汽车旅馆和餐厅能成为标志性品牌就是基于便利性和一致的体验，而不是因为任何可称为奢侈的元素。麦当劳因其方便和快捷的服务而成为路边餐饮的主力军。饼干杰克（Cracker Jack）焦糖爆米花的盒子里照常放着没有新意的产品，以及一个能给人大约15秒欢乐的让人惊喜的玩具，它把人们带回了球场，让人回想起那首第7局休息时间唱的经典儿歌（"Take Me Out to the Ball Game"是美国一首非常经典的英语童谣，里面歌词里提到了Cracker Jack。如果碰上两个烂队，到第7局大概观众都要睡着了。）。这些都是用体验定义品牌的例子，体验来自产品和产品包装，而不是品牌之外的东西。这也加强了一个论点，即品牌和体验之间的联系并不是一个新的概念——只是一个不断发展的概念。

那么泛美航空做对了什么？在其卓越的品牌认知的推动下，泛美航空在20世纪60年代末成为占主导地位的国际航空公司。随着经济舱的不断扩大，市场上并没有出现明显的阻力，因为机票价格合理，而且体验本身也很愉快。

当波音公司在1966年推出747巨型喷气机时，泛美航空很快就下了5亿美元的大订单，飞机在1970年交付后泛美航空开通了从纽约到伦敦的国际航班。在乘客坐在飞机上开着香槟的欢呼声中，宽体飞机的时代正式开启。不幸的是，事实证明时机不对，因为石油输出国组织（OPEC）成员对美国实施了石油禁运，以回应美国在阿以战争期间对以色列军队的支援。战争导致了严重的经济衰退，大大减少了对航空旅行的需求，同时也大大增加了燃料成本。双重打击对泛美航空的经营和资产负债表的表现来说是灾难性的。到20世纪70年代中期，泛美航空每年都在报告亏损，同时积累了近10亿美元的债务。但这一连串的不幸却毫不影响泛美航空的品牌、商业模式或战略。

值得注意的是，尽管泛美航空在国际航空业中处于主导地位，但其没有美国国内航线。在1978年之前，政府建立了航线网络，虽然泛美航空拥有利润丰厚的远洋航线，但是国内航空公司开始崛起，像美联航、美国航空、达美航空等人们熟悉的航空公司，以及几十个现已倒闭的品牌，在美国城市之间运送乘客。因此，当20世纪70年代初经济衰退时，泛美航空没有能力回落到成本较低、运量较大的国内航线来支撑业绩，它开始渴求这个机会。

更糟糕的是，1978年，当卡特政府放松对航空业的管制时，其他航空公司迅速抢滩，开始从美国内陆拓展到国际航线，吞噬泛美航空的垄断地位。达美航空获得了一条亚特兰大至伦敦的航线，而现已倒闭的布兰尼夫航空（Braniff Airways）则获得了达拉斯至伦敦的航线。泛美航空的模式受到了威胁，它急于在短时间内获得国内航线。

这种急切的心情导致泛美航空犯了一个战略错误，它抓住了收购国民航空（National Airlines）的机会，为超过德州国际（Texas International）和东方航空（Eastern Airlines）的出价，泛美航空支付了过高的价格。在急于获得国内航线的过程中，泛美航空忽略了国民航空的航线对休闲旅客的吸引力要大于商务旅客，而其他合资企业，如全美航空（US AIR）、环球航空（Trans World Airlines, TWA）和德州国际航空（后来又收购了大陆航空 Continental Airlines），开始蚕食泛美航空的市场份额。1988年，泛美航空从法兰克福飞往底特律的103航班在苏格兰洛克比上空被安放在飞机上的炸弹炸毁，该品牌也遭受了毁灭性的打击。随着时间的推移，泛美航空被迫出售资产和剥离有利可图的业务，导致其最终倒闭并在1991年被清算。回想到我们的老朋友莱夫蒂·戈麦斯的名言 "运气比优秀重要"，泛美很优秀，但它确实不走运。

🔁 体验的至关重要性

福特公司和泛美航空公司都是现代早期将品牌和体验融合以创造主导地位的绝佳例子。我们来探讨第三个例子，即华特·迪士尼公司，在这个时代它继续向我们讲授着体验的至关重要性。也许比起其他品牌，华特·迪士尼公司更接受这样的理念：在建立和维持与客户的情感联系方面，体验是至关重要的。

迪士尼的故事有一个不起眼的开端。1922年，华特·迪士尼与他的朋友乌布·伊沃克斯（Ub Iwerks）合作，在堪萨斯城成立了欢笑动画工作室（Laugh-O-gram Fils studio），制作了一系列基于寓言和童话故事的卡通片。其第一部大作《爱丽丝梦游仙境》（*Alice in Cartoonland*）于1923年上映，该片在某种程度上是独特的，因为它将真人表演和动画相结合。这部电影发行的成功使华特·迪士尼在他的哥哥罗伊（Roy）的帮助下，将业务转移到了好莱坞，罗伊成了他终身的商业伙伴。堪萨斯城的团队很快就加入了迪士尼在加利福尼亚的团队，公司在接下来的四年里制作了爱丽丝系列电影。

1928年，米老鼠出现了。1928年米老鼠的第三部作品《汽船威利》（*Steamboat Willie*）使迪士尼在多年的动画电影市场上处于领先地位。20世纪30年代引进了许多著名的角色，包括唐老鸭、布鲁托和高飞，而且迪士尼早在1932年就开始用三色技术制作。包括《白雪公主与七个小矮人》（*Snow White and the Seven Dwarfs*）（1937年）、《木偶奇遇记》（*Pinocchio*）（1940年）、《幻想曲》（*Fantasia*）（1940年）、《小飞象》（*Dumbo*）（1941年）和《小鹿斑比》（*Bambi*）（1942年）在内的经典作品显示了迪士尼的创造力和创新能力，而且迪士尼冒险引进了全功能的动画电影，以全人物动画呈现的多面人物为特色，当时还没有其他工作室考虑这种形式。也许更值得注意也更有勇气的是，迪士尼在儿童动画媒体中引入了恐怖元素，在影片中点缀了反面人物和令人不快的场景。幸运的是，在所有情况下，好人最后都取得了胜利，观众从电影中走出来，对世界的感觉更好了。鉴于这些电影是在美国历史上最具挑战性的时期之一，即大萧条和美国加入第二次世界大战期间制作的，这一点非常重要。像福特和泛美航空一样，华特·迪士尼公司早期的品牌成功来自产品本身，但当它将世界一流的体验融入品牌时，它才真正做到了与众不同和升华。

当然，这种体验就是1955年在加州阿纳海姆市（Anaheim）开业的迪士尼乐园。紧随其后的是1971年在佛罗里达州奥兰多市开设的更大的华特·迪士尼世界度假村。这些主题公园成为该品牌的根基，也是这30年来业务增长的主要动力。

从1955年推出迪士尼乐园到华特·迪士尼和哥哥罗伊·迪士尼分别于1966年和1971年去世，公司一直坚持不懈地关注体验的周到性和一致性，这继续定义了这个在过去65年中经受住每一次社会演变和大量内部组织冲突的品牌。在20世纪70年代和80年代迪士尼很少制作电影的时期，迪士尼公园应运而生，成为领先的旅游目的地之一，并使公司持续发展。而增长和成功无可争议地来自迪士尼体验的力量和价值。

从一开始，迪士尼就认识到，去主题公园是一个特殊的体验，对所有年龄和背景的游客来说都充满了情感和期待。对成年人和父母来说，有一种怀旧感和童年的喜悦，而对孩子来说，则是一种神奇的感觉，感觉自己真的进入了另一个世界。为了保持这些情感，并利用他们来建立客户和品牌的联系与忠诚度，迪士尼的体验需要保持一致，而且需要完美无缺，因为即使是一个小错误也会打破这个幻象。

虽然在早期，公园本身的体验就足以创造这种联系，但华特和罗伊·迪士尼的继任者继续在公园内发展客户参与战略，要求坚持不懈地关注客人的感受和满意度。在他们去世后，在20世

70年代和80年代初，许多继任者在加强和扩大了迪士尼的体验方面做出了贡献，包括范·弗兰斯（Van France）、迪克·努尼斯（Dick Nunis）、马蒂·斯克拉（Marty Sklar），以及其他许多人。然而，一个值得一提的消息来源认为，在1983年举行的一次关键的客户体验战略会议之后，由布鲁斯·罗埃夫勒（Bruce Loeffler）组建了一个团队来定义和执行了现在标志性的"我关心"（I CARE）原则。

迪士尼的"我关心"原则仍然适用于今天的动态互动全渠道体验，这就是我在这里强调他们的原因。他们是真正的先驱，建立在亲密关系和情感唤起的理念之上。这五个原则，简单来说，就是以下几点：

印象：认识到每一次互动、每一条信息、每一个视觉呈现和每一个行动都会影响客户对品牌的看法。没有哪一时刻比其他时刻更重要，也没有哪一时刻不足够重要。这是一个几乎每个品牌都必须学会的，并在每个渠道和接触点都要秉承的原则。

联系：着重于创造一种能够唤起个人积极情绪的关系，无论是积极的情绪（例如，捕捉预期并将其引导到有趣的活动中）还是消极的情绪（例如，以高效和透明的方式解决挫败感）。将联系和印象一起应用，可以确保客户和品牌之间的情感联系随着每一个时刻的到来而不断加强，使客户从态度模糊走向忠诚。

态度：提醒员工，他们对客户、场景和品牌的个人态度将影响到通过每一个印象建立的联系。这个重要的原则延伸到了现代的全渠道设计中，语气和态度贯穿了设计的每一个方面。

回应：这提醒员工，无论客户的要求是积极或是消极的，对客户每一个问题的回应速度、质量和沟通就是一切。当客户提出要求时，提供与品牌前提一致的回应是至关重要的。

例外：这比其他四项原则的定义更深奥一些。从本质上讲，例外指的是员工接受体验的能力，能够在各种情况下，在正确的时间提供正确的体验。

虽然"我关心"原则中的每一点一经阐述都是显而易见的，但它一经发布就是真正的创新，因为之前还没有品牌明确定义和强调过如此明确的以客户为中心的策略。米奇的魔力通过迪士尼的体验而持续存在。迪士尼的简单方法论继续作为现代体验设计的基础，现在它已经跨越了渠道、平台和交互方式被普遍采用。

当我们回顾20世纪70年代和80年代时，还有很多其他的例子可以引用。一些组织，主要是服务行业的组织，认识到体验是品牌的决定性特征，这些公司采取了独特和特殊的措施来建立、培养和提高客户的感知，引导他们的客户经历"知晓—考虑—承诺"关系周期，并最终形成忠诚度。许多公司采用了迪士尼"我关心"原则的变体，而其他公司则使用"惊喜、愉悦和适应"作为理想互动模式的基础。随着技术进步不断加快，一些品牌接受了这些创新来改善体验，而另一些品牌则仍然专注于人与人之间的联系，他们明白现在的技术仍无法取代员工的本能和即时的反应。尽管这些体验策略非常出色和成功，但没有人能够预测互联网时代的到来会对客户参与和体验策略产生多么巨大的影响。世界正随着数字时代的到来而真正改变。

第二章

数字化的曙光

我们已经知道，世界随着互联网的出现而改变。从21世纪开始，品牌迅速发现他们正在失去曾经俘获的受众。现在已经不再是靠口号就能塑造品牌的时候了。捕捉消费者和企业买家的注意力已经变得非常困难，因为每年似乎都会出现新的渠道、新的内容来源和新的购买行为，品牌商需要了解这些变化。

在过去的25年里，这种期望导致公司将注意力集中在数字化转型上。数字化转型开始时是流程自动化和体验优化方面的正常工作，但迅速成为所有技术工作的总称，包括了面向客户的、面向员工的和以流程为中心的各种工作。公司在数据和分析、自动化和连接、网络和移动解决方案以及一系列其他的创新上面进行投资。也不是所有的投资都是在技术方面，流程被重新梳理，产品被重新想象，定价模式也在演进。虽然大多数公司由于这种拼合的举措而留下了战争的创伤，而且并非每项举措都产生了开始时预期的投资回报，但这些努力几乎提高了每个行业的绩效和生产力。新的公司出现了，重新思考战略、结构、执行模式以及行业本身的价值主张。数字化转型成了数字化颠覆。

数字化颠覆的道路并不总是显而易见的。在数字时代的短暂历史中，最著名的颠覆例子包括亚马逊，它的起点很低，只是一个在线书商；苹果公司最初是一家个人计算机制造商和操作系统开发商；而网飞公司（Netflix）最初是通过向家庭邮送带有预付回邮信封的DVD（高密度数字视频光盘）来播放主流大片。

此外，并非每个数字化颠覆的例子都以成功告终。与所有数字化颠覆者和转型故事并存的是，同样数量的公司未能认识到数字化的潜力和紧迫性。聚友（MySpace）曾拥有脸书（Facebook）目前享有的地位；柯达曾是摄影市场的领导者；黄页曾是本地市场广告的一支生力军。电信行业还有一系列的地方、国家和全球各种级别的电信公司，提供直接拨号、长途语音连接，以及管理各地之间的数据电路的服务。由于数字化时代的到来，所有这些公司都萎缩或倒闭了。事实上，自2000年以来，财富500强中有52%的公司已在榜单消失，更多的公司正在迅速被边缘化。

颠覆的速度没有放慢。几年前无法想象的模式正在出现，技术的进步也在不断完善，市场预期和消费者行为也在继续发展。正如第十章"展望未来"中将详细讨论的那样，再有几年时间，我们就将进入一个部分在现实世界、部分在虚拟世界运行的社会。品牌需要为应对挑战做好准备。然而，在我们到达那里之前，让我们从头开始，因为就像所有的事情一样，我们可以从历史中吸取关键的教训。

➷ 互联网的诞生

数字化变革不是瞬间发生的。在其初创时期的大部分时间里，互联网更像是一种新事物。虽然互联网的起源年是一个有争议的话题（有从20世纪60年代末到80年代中期的各种论点），但当代消费者所知道的互联网肯定是在1993年马克·安德森和他在伊利诺伊大学的同学们发布的马赛克（Mosaic）浏览器中出现的，它的最终名称是众所周知的网景（Netscape）浏览器。随着该版本的发布，任何人只要有网景浏览器和拨号调制解调器就可以访问互联网。

婴儿潮一代[①]和X一代[②]都对互联网最早的时代留有记忆。它不是以喧嚣的方式，而是以耳语的方式开始。鉴于大部分的访问是基于拨号的，而且早期的拨号连接特别慢，普通人可以获得的内容几乎都是基于文本的，而且以今天的标准来看相当有限。内容主要是新闻和新奇的事物，只有少量的增值功能。正如所料，最初的采用者是那些自称计算机极客的人，他们也是早期涌入电话线网络的主要群体。对于那些不记得这个互联网新生时期的读者或是那时还未出生的人，我建议他们观看美国经典电影有线电视台（American Movie Classics，AMC）的精彩系列片《奔腾时

[①] 指1946—1964年的生育高峰期。——编者注
[②] 指出生于20世纪60年代中期至70年代末的一代人。——编者注

代》（*Halt and Catch Fire*），该片准确地展现了现代浏览器问世之前互联网能创造的奇迹和受到的限制。

1994年至1998年，全世界的消费者正在慢慢接受电子邮件，探索实时电子通信的世界。在整个20世纪90年代中期，按主题和地域划分的聊天室在特定的亚人群（细分人群）中很受欢迎。1998年，美国在线（AOL）无处不在的"你有邮件！"成为汤姆·汉克斯和梅格·瑞恩主演的爱情喜剧《电子情书》（*You've Got Mail*），电影中两个主角在聊天室里相遇，然后先通过聊天后又通过电子邮件进行匿名通信，最后才见面。这仍是互联网的早期，根据皮尤研究数据（Pew Research Data），1998年只有41%的成年人上网。虽然这比只有23%成年人上网的1996年有进步，但仍有相当大的增长空间。

🔁 网络广告开始

在这些早期的日子里，品牌专注于采用他们大众市场广告的传统方法，发起现在标志性的品牌推广活动，然后通过电视、广播、广告牌和印刷品放大影响力，并通过与早期忠诚度计划相关的个性化直邮和体验式营销，增加一些稍微个性化的沟通。营销的艺术性和科学性已经随着技术的发展而得到改善，主要是由于使用和分析数据能力的提高，但浏览器的最初推出并没有立即改变这个行业。

正如可以预料的那样，在线广告的早期采用者是技术公司，他们正在通过广告吸引所谓的技术专家加入。第一个横幅（banner）广告实际上是美国电话电报公司（American Telephone & Telegraph，AT&T）在《连线》（*Wired*）杂志的线上版《热线》（*Hot-Wired*）的横幅部分购买的。广告回报率很高，点击率达到44%，这引起了行业内一些企业家的注意，他们已经认识到互联网的早期潜力。对可定向与可轮播的线上广告潜力的认识与讨论，迅速成为营销部门办公室里的一个话题。

与此同时，两个聪明的斯坦福大学学生，杨致远和大卫·菲洛（David Filo）认识到了早期互联网的一个清晰的挑战，即其固有的无组织性。除非用户知道在网景的URL（万维网的地址）栏中准确地输入什么，否则不可能找到内容。作为应对，他们创建了一个目录服务，巧妙地命名为"杰里和大卫的万维网指南"（Jerry and David's Guide to the World Wide Web）。虽然这个名字念起来很流利，但他们被说服将服务改名为同样巧妙的 "另一个等级森严的官僚甲骨文"（Yet Another Hierarchical Officious Oracle）。鉴于大多数没有斯坦福大学技术类学位的人不会欣赏这样的名字，他们把它缩短为首字母缩写 "雅虎"（Yahoo），随后这个名字无处不在。

他们马上意识到可以将雅虎门户网站变现，于是开始在他们相对高流量的网页上出售广告。由于早期美国电话电报公司的成功，横幅广告开始流行，但网页周围的显示广告也是设计的一部分。此后不久，双击公司（Doubleclick）和其他公司于1996年开始提供广告服务器分析，重点是个性化和测量，这些分析直到今天仍然是现代数字化营销的基础。事实上，双击公司被认为影响了网景和另一个早期的搜索引擎信息搜索公司（Infoseek），创造了数字广告投放的千人成本（Cost Per Thousand Impressions，CPM）定价模式。这种模式至今仍在某些情况下被采用。

🔁 在线客户体验的个性化

在20世纪90年代末，数字广告继续快速发展，可以说比技术本身的发展更快。数字广告成为硅谷创新圈的一个共同主题，并导致了数字时代的繁荣–萧条周期。聪明的销售团队对这个新平台的潜力赞不绝口，它能根据个人以前与品牌的历史记录，在线上和跨平台向他们提供定制和定向的广告。关于客户的360°视图的想法获得了迅速的发展，公司争相建立可以捕捉品牌与客户每次互动的数据湖和完整数据仓库。这个伟大的理念成为数字化转型的基础。

在纸面上，建立一个客户数据集的想法是简单的，一旦组织定义了如何识别客户——使用哪些识别变量（电话号码、电子邮件地址、证件号码等）——那么每一次互动都可以被记录下来，每一笔交易都可以被分类。总体而言，对客户行为的分析可以转化为对数据和算法的解释。

在这个互联网的早期时代，有几个互动的途径需要关注，其中许多在今天仍有意义。

不幸的是，达到这个目的并不是一个简单的、无缝的旅程。最富有成效也是最有影响力的参与，是发生在店铺内的、分店内的或是办公室内的当面互动，以及在B2B模式下客户与销售人员的互动，这些仍然是品牌强化的基础。但是员工的参与意愿并不一致，包括是否愿意与自动化工具合作，是否愿意为促进整合的全渠道体验做一些有价值的记录。其他客户互动渠道，包括呼叫中心、现场服务、合作伙伴支持，以及最后的互联网这一新兴技术，在当时完善了前台业务，公司花费了大量资金来实施技术，以捕捉每一个记录、互动、问题和解决方案。然后，公司将这些数据与后台数据合并在一起，囊括了客户拥有的产品、总支出和新增支出、任何未决服务问题的状态以及其他数据，这些整合数据有助于更好地描述与定义客户。这样做的最终结果是为客户量身定做体验，帮助他从体验开始定义品牌，并且开始了从品牌主导体验向体验主导品牌的转变。那些能够提供真正的个性化体验的公司——例如能在客户打电话到呼叫中心之时就已经知道客户刚刚在线上做了什么——开始将自己打造成以客户为中心的组织。这方面的早期采用者，包括戴尔科技公司和富国银行，开始从竞争中脱颖而出，并创造出一种与客户更加亲密和共鸣的感觉。在消费者快速接收技术的时代，这种品牌采纳新技术的行为是非常受消费者认可的。

如果你是当时市场上活跃的消费者，你会记得当你第一次发现呼叫中心客服人员、银行柜员、现场服务技术人员或零售店员知道你是谁以及你与品牌关系的细节时的情绪反应。通常情况下，他们能大大加快对话的速度，直指你的具体需求，甚至聪明到利用数据来制定一个关于你的消费预期档案，将该档案与品牌的独特主张相结合，给你定制一个话术和体验设计，从而加强你与品牌的联系。这确实是一个变革的时代，但也是一个充满危险的时代，数字化变革方案实施失败和不切实际的期望也带来了很多烂摊子，需要公司的信息技术（IT）部门去收拾。技术需要时间发展才能追赶上战略，而在20世纪90年代末和21世纪初，技术的追赶失败了。

与此同时，在这些早期的日子里，一项革命性的技术正在被引入，它将真正改变未来20年的营销和体验的轨迹：浏览器cookie（小型文本文件，是某些网站为了辨别用户身份，进行跟踪而储存在用户本地终端上的数据）。浏览器cookie是当计算机首次访问网站时，在公司网站和计算机之间交换的一个简单文本文件。cookie最初设计是为了方便，也是一个为促进更多隐私保护的机制，这的确具有讽刺意味。1994年7月，它的发明者罗·蒙图里（Lou Montulli）当时是网景公司的一名年仅23岁的工程师，当时他与网景公司的另一个团队会面后，提出了cookie的总体概念，该团队当时正在为如何在用户浏览多个页面时维护在线购物车而苦恼。根据蒙图里的博客文章，他的首要任务是避免跨站追踪，因为早期的网景团队认识到网络隐私和匿名的重要性。不幸的是，来自DoubleClick和其他广告服务器公司的工程师在实施中发现了一个漏洞，利用这个漏洞他们可以建立与特定浏览器相关的活动档案。虽然这引发了近年来的隐私战争，但在早期，它是个性化营销的催化剂，使广告服务器能依据个人产品搜索记录提供针对性的横幅广告。当时也曾有潜在的质疑——这个网站怎么会知道我在看那双鞋？——但考虑到当时互联网的新颖性，质疑并未成气候。

这种早期阶段的个性化为浏览器的许多重大功能改进铺平了道路。当然，亚马逊是个性化推荐艺术的先驱，它根据人口统计变量和以前的互动历史创建社区。从经常受口碑和推荐影响的书籍开始，"买过这个产品的人还买过其他这些产品"的思路很快成为电子商务的一个标准操作。另一个早期采用的功能是允许客户保存购物车，这样购物车就能持久存在。还有一个功能是跨渠道的持续沟通——从一个渠道（如浏览器聊天）开始与客户沟通，并将对话无缝转换到呼叫中心或面对面的服务中心等另一个渠道，并在转换中不会丢失对话的具体内容。

这些早期的进步与本书的核心主题即发展中的体验范式息息相关，因为像所有的创新一样，他们迅速地从新颖意外变成了客户的期待。一旦一个品牌推出了这种功能，客户就会期望该品类的每个品牌都能提供同样的功能。于是不合理的期望时代正式开始。

虽然互联网是21世纪中最受瞩目的和最著名的创新之一，但是更合理的说法，是不同技术领域的所有重大创新一起创造了我们今天的运营环境。在这一时期的数据收集、管理和分析领域，在汤姆·希柏（Tom Siebel）和希柏软件（Siebel Software）开发的客户关系管理软件（Customer Relationship Management，CRM）的引导下，也经历了同样的复兴。

正如前面所讨论的，希柏软件开创了客户统一视图的理念，为客户数据的输入和访问提供了一个易于使用的界面。希柏的解决方案最初专注于B2B销售活动，促进了整个组织的客户信息的自动化共享。这是一个相当革命性的概念，因为以前，公司每次与个人或渠道打交道时，都必须重新建立位置、对话和状态。此外，管理团队对与客户关系处于哪种状态、此时有哪些机会缺乏了解。这种销售队伍自动化技术的价值非常明显，对公司和客户来说都是如此。它还帮助建立了一个永远不会被打破的体验范式，即组织的每个成员——无论是什么角色或处于哪个渠道——都应该了解与客户相关的每一次对话、每一次互动和每一种情况。

不久之后，希柏和其他技术又进入B2C（个人或家庭）市场，带来了同样的变革，让消费者欣喜不已。品牌商们迅速意识到，他们拥有丰富的客户数据，但却没有得到充分的利用，而这些数据可以被用来更好地回应客户的要求。消费者发现，当他们打电话到呼叫中心时，身份信息或按键的数字信息会马上让客服代表的屏幕上展示出他们的订单、订单状态、偏好、服务请求工单和其他信息。突然间，高端酒店经验丰富的礼宾员立即知道了客人对餐厅的偏好，而汽车租赁公司的人员也知道了客户喜欢的车辆类型。银行的客户服务人员对客户最近的交易信息触手可及。打印机公司知道了客户有什么样的打印机，可以在几秒内就能推荐订购替换的墨水。体验开始定义品牌，即用专注于便利、高效、个性化服务和特殊关怀的体验来定义品牌所在之地。

电子邮件的爆发式增长

另一个分水岭是1996年Hotmail（热邮）的推出，将电子邮件带入大众市场。在Hotmail之前，使用电子邮件需要接入美联网或美国在线这样的互联网服务提供商，虽然吸引了那些愿意尝试新技术的小众市场，但并不属于主流市场。为了说明这一点，一个数据是，据估算在1996年之前美国大约每10个人中只有一个人可以访问互联网，而这种访问通常是进入一个美国在线这样的门户网站。

由于这种限制，在Hotmail之前，电子邮件的发展相对缓慢。美联网在1989年开始推出专有的电子邮件，非凡网在1991年引入电子邮件，美国在线在1993年快速跟进，但每家服务商的总用户数徘徊在一百万人左右，只是全球总人口的一小部分。Hotmail极大地改变了这一状况，它允许人们注册个人电子邮件地址，用户之间可以使用账号和新奇的"@"符号实时互发信息。人们迅速注册以获取这种新的功能。推出电子邮件的第一年年末，Hotmail已经有超过850万用户，而雅虎也在1997年推出了类似的服务。

正如所料，电子邮件营销与电子邮件本身一样迅速发展。有趣的是，第一个使用电子邮件的营销信息轰炸事件被认为发生在1978年，当时数字设备公司的盖瑞·斯科（Gary Thuerk）向400个收件人发送了一封电子邮件，来促销公司的计算机。根据多个消息来源，这场电子邮件促销以当时的美元计算产生了1300万美元的销售额，这个回报已经让人印象深刻，但如果按通货膨胀率调整为今天的美元计算，则回报更要多得多！垃圾邮件过滤器也是在同一时间推出的。1996年12月，科技公司斯姆（Xoom）向600万互联网用户发送了一封营销邮件，宣传其具有反垃圾邮件过滤功能的电子邮件机器人，其实这个邮件本身就颇具讽刺意味。据其创始人劳伦特·马萨（Laurent Massa）说，这个活动本是一个玩笑。马萨解释说："你们讨厌垃圾邮件，因此我们向你们发送垃圾邮件，告诉你们获得我们的免费产品就可以阻止垃圾邮件。"

电子邮件营销的历史可以写满一整本书，但总结起来，在接下来的10年里，它作为一种营销渠道出现了爆发式增长。据估计，在2008年，垃圾邮件（定义为未经用户要求而主动发送给用户的电子邮件）占电子邮件总流量的92.6%。此后，这一数字稳步下降，现在估计只占电子邮件总流量的28.5%左右。

客户期望和技术创新

电子邮件引入了一种新的沟通方式，取代了以前的书面信函。消费者和品牌之间现在可以使用成熟的书面形式相互沟通，但信息几乎可以瞬间发送出去。人们的期望值迅速提高，即发件人期望能在近乎实时的时间内得到回复，这迫使品牌在探索这种沟通方式如何影响消费者对品牌的看法的同时，也要调整人们对这种媒体的期望。回到早些时段，没有人能够预测到电子通信将普及，以及多渠道通信时代即将到来。

消费者的期望发生了进一步的变化，他们更加期望通信、交易和请求可以在没有任何形式的人际互动的情况下完成。此外，沟通窗口改为每周7天，每天24小时。沟通也从语音转向书面文本，这增加了品牌和营销团队以前无法预见的复杂性。由于没有语调变化、肢体语言或面部表情的帮助，书面语言中的词语、短语和情感解读完全不一样。因此，品牌所提供的体验，特别是对于那些专注于高接触服务的品牌，似乎与沟通体验脱节。品牌努力为呼叫中心配备电子邮件回复工具，并将其名称改为联络中心，以体现沟通的多渠道特征，但在突然涌入大量通信流量的情况下，很难管理这种体验。

从这个21世纪初始点开始，体验创新的步伐开始显著加快。手机变得更加智能，随着全键盘的引入，先是应用在掌中宝（Palm Pilot，美国第一款掌上计算机）上，随后不久出现在黑莓手机上，通信模式再次发生转变，这次是短信服务（short message service, SMS）和私人信使服务，通过书面文字提供更多的实时通信方法。突然间，每个人都可以走在街上、乘坐地铁、乘车穿越全国时发送电子邮件或短信。书面交流开始演变成对话，取代了电话，进一步推动了现在无处不在的多任务处理概念。沿着这些路线，浏览器中的网络聊天作为呼叫中心的补充变得流行起来，更多的品牌试图将流量转移到这个媒介上，因为它允许其客服人

员在同一时间与多个客户互动。不幸的是，困扰电子邮件的沟通
问题也适用于这些形式的媒体，并且由于客户对实时性的渴望而
加剧了，客户对延迟回应感到沮丧，而早期基于人工智能的聊天
机器人的引入使情况变得更糟。随着体验被侵蚀，品牌正在失去
他们的地位，客户开始投奔到那些实时的、永远在线、超级响
应、情感化的，以及更人性化的（有点讽刺）品牌，也是更能够
满足他们对沟通期望的品牌。

随着通信能力的不断发展，我们在互联网上寻找内容的能力
也在不断发展。如前面所说，雅虎的"万维网指南"是一个开
始，但很快就被越来越复杂的爬虫和搜索引擎所取代，如信息搜
寻（Info seek）、问杰福斯（Ask Jeeves）、雅虎搜索、微软搜索
（后来改为必应搜索）以及搜索引擎中的巨无霸——谷歌搜索。
随着搜索引擎能力的提高和爬虫不知疲倦地工作，对不断扩大的
万维网上的每一个页面进行查询、解析和索引，搜索从一个新鲜
事物转变为一个不可或缺的实用工具。塑造品牌、建立消费者认
知的工作已经越来越多地从品牌商对消费者的大众市场沟通，转
变为消费者和公司客户反向对品牌信息的主动搜索。品牌网站本
身会通过关键词竞价排名（一种搜索引擎营销技术，公司为特定
搜索关键词报价，价高者可以排在客户搜索页的上方，以获得更
多浏览和点击）来影响搜索结果，同时，搜索结果中也会充斥着
大量的个人博客文章、第三方评论网站和竞争内容，这些内容都

在引导搜索者的认知。本书后文会对这些内容进一步展开，因为这是向体验驱动的品牌转型的基础。

所有这些都为另一个改变了我们现代社会的技术驱动的创新奠定了基础：社交媒体。反思过去的两三年，很少有短语能比"社交媒体"更引起人们强烈的反应。社交媒体的起源是像脸书、照片墙（Instagram）和聚友这样的网站，他们是从基本的照片分享平台和社区建设平台开始的。社交媒体网络随着领英（LinkedIn）又进入企业领域，然后很快又出现了短形式的多媒体交流平台，如油管（YouTube）、推特（Twitter）和抖音（TikTok）。在很短的时间内，社交媒体平台改变了消费者和公司客户研究、沟通和感知一切的方式，从品牌到新闻事件，甚至到个体的道德理念。起初人们只是分享周五晚上的出游和周二的美食等新鲜事儿，现在已经迅速转变为许多人的主要沟通方式和内容来源平台。辅助性的社交媒体平台成为许多消费者和公司买家在品牌评估旅程中的第一步。社交媒体平台上的匿名和知名人士对消费者和商业买家评估品牌的影响是非同寻常的，而且，最近它在社会影响力方面开辟了一个全新的行业，那些对于品牌来说没有背景、没有连接，也没有内在可信度的个人突然被升级为品牌的代言人，他们的推荐意见，其中有些是有偿征求的意见，但有些是基于个人经验和品牌认知的意见，可以对当今的品牌产生巨大的影响。这也是本书后文将详细介绍的另一个话题。

这些只是在一个突飞猛进的时代的少数几个例子。这一时期发生了一场技术海啸式的创新，把他们全部拆写可以写上几千页。我略过了在我们历史上这一非凡时期出现的数百甚至数千项改变游戏规则的创新，其中每一项都塑造了消费者和公司客户的认知和期望。创新的明显例子包括推荐引擎、生物识别技术、语音转文字到文字转语音、增强现实（没人能忘记谷歌眼镜的失败尝试），以及突然出现的虚拟现实。云的概念——由第三方托管并按需提供的分布式存储和计算能力——在任何时候都可以向几乎所有人赋能。设备本身变得"智能"，物联网一词进入全球词汇。车辆变得更加智能，设备开始在没有电线的情况下相互通信。正如英特尔的戈登·摩尔（Gordon Moore）和其他人所预测的那样，当使用提高的处理器速度和传输技术来引入新的功能，技术创新的步伐将继续以指数级的速度加快。

然而，过去100年中最重要的技术革命之一是最近由一家熟悉的公司创造的。正如你可能预料到的那样，这一革命性的创新是苹果公司的苹果手机（iPhone）。2008年，乔布斯站在加州库比蒂诺（Cupertino）的舞台上介绍iPhone的辉煌时刻，引发了自互联网产生以来消费者期望的最大转变。

苹果公司推出的基于触摸的超级计算机，可以放在手中、公文包内和手腕上，真正改变了消费者对产品体验的期望，以及消费者如何发现、评估品牌，和如何保持对品牌的承诺与忠诚。通过向第三方开发者和品牌商们开放这种简单易用、公认好用的设备，很多公司获得了一张空白的画布，他们可以在上面重新定义自己向潜在和已有客户展示的能力，有了这个还能以新的方式定义和加强他们的品牌。苹果公司的愿景得到了各种技术的指数级提升的支持。这些技术包括蜂窝技术——通过基站从第二代向第五代数据传输的过渡使得更先进的功能成为可能——以及其他基础技术包括更快的宽带速度、改进的Wi-Fi带宽利用率、动态全球定位系统接入等，所有这些都开启了新的可能性，甚至摄像头的持续改进也导致了新的互动和参与方法。

当然，苹果公司并不是移动革命的唯一功臣，包括三星、乐金、摩托罗拉、诺基亚等竞争厂商推出的设备同样令人印象深刻。然而，在创新方面，苹果处于领先地位，它是消费者和公司买家预期转变的关键催化剂，也引领我们发展到今天的品牌管理水准，这将在本书的其余部分中讨论。

从数字化转型时代中崛起

我们已经看到了下一组创新正在走来，历史告诉我们，不可能准确预测下一次革命是什么。然而清楚的是，我们终于进入了一个超越数字化转型的时代。除了偏远的格陵兰岛北端的蒙古包式酒店（伊路利萨特北极酒店，位于格陵兰岛，是全世界最北端的四星级酒店，圆顶建筑，没有无线网络）之外，每个品牌都在其客户旅程的某个阶段，在其员工被赋能的某个阶段，以及在其后台流程自动化的某个阶段采用了数字参与能力。在过去的25年里，大多数品牌已经采用了基本要素，一些品牌已经重新定义了他们的模式，来拥抱这场地震般思维的转变。在我们展望未来25年的时候，这些品牌将不仅能生存下去，而且将会取得成功。

更重要的是，数字能力已经在某种程度上变得让人熟视无睹。在我们的日常生活中，我们都能认识到这一点。除了真正具有前瞻性和新颖性的能力之外，我们不再注意到数字能力，我们期待他们。如果一家公司给我们的体验不方便、不流畅、反应不迅速，我们就会放弃这个体验，转而向别处寻找。虽然这对品牌有负面的影响，但它的实际影响比这更微妙。消费者不再有意识地对该品牌持否定态度——他们只是继续探索，并对另一个品牌瞬间产生亲密感。

这种现象并不是消费品牌的特别和独有之处。企业买家希望有全面的数字能力来支持他们的评估、交易和服务需求，而你的品牌合作伙伴也希望在所有的接触点上实现无缝的数字支持。甚至你的员工也不能幸免，如果你不为每项任务提供数字赋能工具、数据和技术，这些员工就会放弃他们的岗位，找到一个能做到的公司。

鉴于这种期望和观念的根本变化，我们现在可以宣布数字化转型时代的结束。如果一家公司还在考虑或谈论开始其数字化转型的必要性，那就太晚了。人们的期望值太高，竞争太激烈，变革的步伐太大。我们已经进入了后数字化转型时代，品牌商、营销商、销售商、服务机构和雇主必须做出相应的反应，以抓住并保持当代客户的注意力和忠诚度。

第三章

关注当代消费者

在一个20世纪70年代和80年代出生并长大的骄傲的X世代人记忆中,他们对技术的第一次体验是把雅达利(Atari)2600游戏机连接到12英寸(1英寸约为2.54厘米)的电子管电视机上,以及在Commodore PET(20世纪70年代销售的经典个人计算机)上用BASIC语言编程,这个计算机有一个8位的处理器,4k的可用内存,和一个用于存储程序的磁带录音机。沿着这条记忆之路走下去,可以让我们回想到,品牌互动和品牌参与范式发生了许多转变,这非常有趣。即使技术发展的起点非常低,我仍然与所有的变化保持同步,并完全接受了他们。正如菲尔·邓菲(Phil Dunphy)在《摩登家庭》(*Modern Family*)第一季试播中自豪地宣布:"我是一个很酷的父亲。我很时髦。我上网,我发短信。LOL(Laughing Out Loud的缩写),哈哈,OMG(Oh My God的缩写),哦我的天哪,WTF(Why The Face的缩写),为什么苦着这张脸。"

现实情况是,我和我的许多X代同龄人都为自己能与时俱进、完全流畅地掌握现代交互技术而自豪。但我们对网络之前、智能手机之前、流媒体内容之前的生活有着丰富的记忆,这使我们对品牌的期望有所缓和,不会那样高。婴儿潮世代(第二次世界大战后出生的一代人)和他们之前的最伟大世代(大萧条前出生的一代人）的人对数字的期望更低，事实上，有一些人继续坚持采用陈旧的工作和互动方式。他们仍然走进银行网点，仍然用现金支付，或者可能用信用卡支付；他们更愿意去商场完成他们的圣诞购物。他们给餐馆打电话预订晚餐，走到航空公司柜台前打印纸质机票。请注意，不是所有的人，但这一代人中的许多成员更喜欢按他们几十年的习惯操作。聪明的品牌认识到他们的价值，并继续为这一代人提供他们所期望的服务质量和体验质量。

⤴ 千禧一代的期望

最重要的群体，也是最有潜力消费和参与的群体，并不赞同X世代的观点，这就是几代人中被谈论最多的Y世代，更多时候被称为千禧一代。千禧一代出生于1981年至1996年，截至这本书出版时（2023年），他们的年龄在27岁至42岁。这是一个黄金购买年龄，也是各品牌正在积极和持续努力吸引并打交道的群体。

千禧一代通常被分成两个群体。1981年至1988年出生的 "老千禧"，和1989年至1996年出生的 "年轻千禧"。这个划分是有道理的，因为考虑到他们所经历的变化速度，这两个群体的期望值确实有很大差异。然而最值得注意的是，当老千禧一代成年时，互联网已经是一个无处不在的概念。当最年轻的年轻千禧一代也达到21岁时，到处都是基于触摸屏的智能手机、4G移动信号连接和基于面部识别进行登录的世界。这些人是真正的数字原住民，这几代人对品牌和体验的期望非常不同，参与、决策和承诺的方法也与前几代人大不相同。

与他们之前的许多代人一样，千禧一代也需要建立和维持一个独立于上一代人的身份。没有人想变得老气横秋，也没有人想与一个被认为是老气横秋的品牌打交道。20世纪20年代的年轻一代有新潮女郎（当时不再穿着束身衣，而穿着无袖的衣服和仅仅到膝盖的裙子的时髦女郎），50年代有油头粉面的潮人（原型来自美国20世纪50年代的音乐剧男主，发型新潮），60年代有嬉皮士，80年代有朋克摇滚，而新千年的一代有数字原住民。这些数字原住民精通社交，他们在网上建立的社区已经取代了邻里网络和其他社团。精明的品牌需要在与他们的沟通和展示中保持与时俱进，以吸引千禧一代的注意力，同时还要留意他们看重的其他优先事项。

除了数字连接，这一代人对世界的看法是由重大的世界事件决定的。这一代人看到了"9·11恐怖袭击"事件的直接影响，以及全球范围内恐怖主义的持续上升。他们生活在一个泡沫经济时代，非理性的投机行为推动了股市、房市和其他投资领域的疯狂波动。千禧一代是第一个将体验排在获取财富前面的群体，他们接受了这样的理念：生活质量是通过体验和关系，而不是通过财富的积累来定义的。也就是说，这也是愿意承担金融风险的一代，他们愿意投机于新兴的概念，如加密货币和非同质化代币（也称NFT，Non-Fungible Token），这两种投资工具完全基于技术，而不是依托于实物或运营资产。

也许最吸引人的是《社会经济学》的作者埃里克·夸尔曼（Erik Qualman）多年来所引用的一些统计数据，他目前也是一位活跃的主题演讲者和励志演讲者。这些引用中有许多参考了其他来源，但他是这些统计数据的优秀汇总者。如果你还没有读过他的任何书，我强烈建议你在读完这本书后去找找看。

埃里克·夸尔曼经常提到的一个统计数字是：78%的消费者相信身边人或同行的推荐，而只有14%的人相信广告。这不是反映了广告作为一门手艺的水准如何，而是反映了能让千禧一代做出反应的是其他消费者如何感知品牌体验，不是品牌自己如何阐述体验策略。实际上，这是一种"秀给我看"的心态，迫使品牌去攻克这一代人身上天生具有的怀疑主义。在激增的搜索和社交媒体推动下，年轻一代开始访问匿名评论、依赖匿名评论，并最终相信匿名评论是事实。千禧一代的消费者以及最近的千禧一代企业买家，将在社交网络上进行对话，制定自己的决策，并随着时间的推移表达自己的看法，而品牌需要主动参与这种讨论，以控制或至少引导这种讨论。正如埃里克·夸尔曼在他的2013年出版的《社会经济学》视频中提到的，2011年美国东海岸发生了一次小地震，纽约人在感觉到地震前30秒就收到了有关地震的推文。如果地震的消息可以比地震本身传播得更快，那么想象一下这些社交社区中的品牌情绪会以多快的速度转变，结果会令人震惊。

千禧一代作为一个世代结构，还有其他几个一致的优先事项，其中包括希望与品牌的文化价值保持一致——他们想知道品牌代表什么，并会与反映其个人价值的品牌接触——以及希望品牌能实时回应他们的情况，并进行个性化的沟通。他们对个性化的产品也很感兴趣，而根据他们的独特要求来定制产品往往会使一个品牌与众不同。这代人曾参与可口可乐自由式饮料机的活动，活动允许年轻的饮者在他们完美的苏打饮料中混合任何口味的组合。他们也很没有耐心，希望品牌能够按照他们的节奏运转，跳过任何重复的步骤。因为考虑到个人之前与品牌的互动，这些步骤本应提前预料到。这是数据的一代，他们在一个品牌拥有关于他们的欲望、需求、习惯和行为的看似无限信息的世界里长大。从本质上讲，他们期望公司能够识别他们是谁，并预测他们想要什么，但与此同时，如果能让自己感觉舒服，他们也会要求隐私和匿名，这是一个有趣的双重标准。

当然，随着时间的推移，"千禧一代"逐渐老去，但他们仍然是消费能力最强大的群体之一，在未来20年内也将如此。这个群体正处于结婚、生子和进入真正的成人生活方式的年龄。他们正在以创纪录的速度购买房屋，投资市场，并在事业上取得进步，通常是晋升到具有相当影响力的高级职位。随着他们的成熟，他们的行为可能会略有改变，但这个群体的基本习惯似乎是稳定的，并可能在未来几年内指引和影响公司的品牌体验战略。

🐬 Z 世代的期望

另一个值得注意的世代是新兴的Z世代，即出生于1997年至2012年的群体。这仍然是一个相对年轻的群体，但他们已经开始作为一股消费力量出现，尤其是在这一代人里的较年长的那些人。这一代人表现出有趣的行为，这将迫使品牌商进一步调整他们的市场行为，因为他们的优先事项有时与之前的"千禧一代"明显不同。这一代人出生时就能接触到iPad，因此，他们无法想象一个无法实时访问所需内容的世界会是什么样。这一代人看到油管网成为仅次于谷歌的第二大搜索引擎，他们通过视频和动态图像进行内容消费。他们也不喜欢长篇大论地阅读任何东西，他们在生活中不断将现实世界和虚拟世界融合在一起。

也许更有趣的是，这一代人远比其他任何一代人更喜欢按需消费内容和体验。当全世界联网的人已经习惯于通过手机、平板计算机、笔记本计算机和智能电视实时获取信息——新闻、娱乐、问答等——Z世代的期望已提高到一个新的水平。毫无疑问，这个群体将成为录音节目和印刷内容结束的催化剂。他们也将成为多渠道、元宇宙加持的互动性的加速器。

随着 "千禧一代" 老去并开始回归更传统的生活方式，"Z世代" 正在接过追求体验的衣钵，投身于多文化和多渠道的活动，从旅游和户外活动到餐馆再到体育活动。因此，尽管这一代人比之前的任何一代人都更多地参与数字活动，但他们并没有放弃实体体验——他们正在以前所未有的方式将他们融合在一起，这将为品牌创造知名度、参与度和忠诚度提供机会，因为这个群体的消费能力和市场影响力在不断增加。

🔗 客户漏斗

无论品牌定位或者是营销重点如何，品牌都与代际群体相关。至关重要的是，品牌需要制定战略来吸引每一代人的注意力，激发个人参与并探索公司的产品和价值主张。无论你的品牌是直接卖给消费者（B2C），卖给其他公司（B2B），还是通过其他企业卖给消费者（B2B2C），这都是一个持续的需求。无论你的分销模式如何，是通过实体渠道（如零售商或餐馆），直营线上方式（如公司专属网站），还是平台（如亚马逊、阿里巴巴和其他一系列公司提供的电子商务网站），它都是至关重要的。要吸引当代消费者，包括X世代、千禧一代和Z世代，需要在客户漏斗的每一个阶段进行聚焦和创造，认识到当代消费者——包括B2C和B2B——将在每一个阶段期待独特和与众不同的体验。

虽然对适用于客户漏斗的标签有观点差异，但对于客户漏斗的基本结构大多数专家意见是一致的。考虑到本书的目的，我采用了流行的结构，即知晓、评估、交易、参与和忠诚。在这个结构中，消费者从知晓品牌开始，此时公司已经定义了基本的价值主张，也明确了品牌的定位声明。很快，消费者就会进入漏斗的评估和比较阶段，调查产品的具体细节并验证最初的品牌主张。一旦他们确定该品牌和产品符合他们的需求，他们就会进行交易——对具体的产品做出承诺。当然，这可能体现为多种形式，从购买产品到预约就诊。一旦承诺，消费者就会与品牌和产品打交道，在交易后进一步产生感知和分析价值主张。最后，假设品牌在旅程的前四个阶段是成功的，消费者就会转化为对品牌的忠诚，承诺重复参与，通过购买更多的产品或服务来为企业提供更大的钱包份额，并且或者开始积极地向其他人宣传该品牌。

同样，这是一个简化的漏斗，每家企业的客户旅程的复杂性将取决于行业、产品、定价结构、参与结构、分销模式，当然还有销售结构。在当地杂货店排队时购买一包口香糖的决策过程与代表一家公司采购一打笔记本计算机的决策过程非常不同。两者都不同于为解决心律失常而与心脏病专家预约就诊的决策，这些也不同于在哪里吃晚餐的决策。然而，在每一种情况下，消费者仍然从品牌知晓开始，然后进入评估阶段，接着决定是否进行交易，最终使用已经交易的产品或服务，然后决定是否对该品牌忠诚。

知晓

客户旅程的第一步是建立品牌知晓。这在历史上一直是传统广告的范畴，品牌要花费大量资金瞄准大型指定市场区域（Designated Market Areas, DMAs）进行投入。这仍然是建立知名度和认可度的有效方法，特别是知名的品牌和大众商品。现实情况是，在一个特定的市场内——如密苏里州的堪萨斯城、英国的伯明翰、巴西的圣保罗，以及世界上其他地方——有大量具有共同需求的人群。虽然指定市场区域是一种异质化的设计思路，包含了不同人群，但品牌一旦找到了共同的触发点，就能激发个人进一步探索品牌（继续进入客户旅程）。例如，汽车品牌仍然使用大众营销方法，在个人选择购买汽车的时间内，保留在人群中的心智份额。一个人何时准备购买新车是很难预测，也是很难追踪的，所以保持心智份额变得至关重要。即使在一个相对同质化的市场中，也不是每个人都会对每条促销信息做出反应，但是会有足够多的人关注燃油经济性，足够多的人关注性能，足够多的人关注质量，足够多的人关注特征和独特的功能，所以每个促销信息都有一个预期的结果。这个策略是非常有价值的，对于汽车、包装消费品（Consumer Packaged Good, CPG）、保险、零售和餐饮品牌都适用，因为这些品牌的决策时间是不固定的，品牌知名度将显著影响下一阶段的旅程。

现在大众营销的限制因素是，大众不再集中在统一的信息传播渠道中。例如，广播电视正在迅速衰落，尤其是失去受到高度重视的千禧一代和Z世代的群体。虽然年长的X一代和婴儿潮一代确实继续通过本地电台和有线广播频道收听他们的本地新闻广播和收看预定的节目，但年轻人往往甚至没有机会接触到这些网络，而是更喜欢按照个人兴趣定制点播服务。他们在网上获取新闻，通过流媒体服务收看体育节目，并按需获取娱乐内容。印刷品和广播虽然在某些市场上仍有意义，但份额也在下降，而且根据统计和市场调查，下降的速度在未来几年还会加快。大众市场品牌扩张的日子还远未结束——品牌在指定市场区域中强化其广泛的信息仍然是极其重要和必要的——但是策略已经发生了变化，对小众市场扩张的投资已经增加，而且消费者对信息本身的反应也随着代际组合的老化而发生变化。

那么，大众营销和小众营销之间的区别是什么？在最高层次上，大众营销是在一个地域或人口统计学范围内向整个市场传播总体的品牌价值主张，预计一定比例的人口会对信息做出反应和回应。当福特公司播放主打新F-150车型的广告时，他们强调了一系列的品牌价值主张，从坚固性、实用性、燃油经济性到下一代特色功能。这使得信息能针对最广泛的受众群体，希望受众能够产生情感上的反应，进而推动人们的行动。通过小众营销，信息被传播到更窄、更同质化的社区，如特定的社交媒体社区、特定的流媒体服务或特定的内容。由于这些平台和服务收集了用户的个人信息和观看数据，广告商可以定义他们所要寻找的特定子群体。虽然更加有用和高效，但它需要精确性来保持投资回报率，并吸引一定数量的客户来帮助品牌成长。

这就开启了市场分析中常使用的价值主张概念，这个概念与品牌营销本身一样古老。但在过去20年里，随着品牌营销人员可用的数据量成倍增加，这个概念也得到了发展和更新。品牌可以对使用人口、社会经济和地理变量细分的不同群体进行迅速调查，了解他们的欲望、需要和触发因素。品牌可以追踪商店和网上的购买活动，并将其归类为人口和地理细分的宽泛群体，或者经常直接归类为个体买家。通过在线客户个人资料归类、激增的忠诚度计划、B2B的客户关系管理、订单到现金的自动化流程，以及信用卡的数据核对，营销人员可以掌握相当多的购买数据，帮助他们识别购买群体和购买趋势。同样，数据也可用于客户旅程更高阶段的分析，即追踪购买旅程中不同营销促销工具的有效性，从网页和移动显示广告、社交媒体插入信息到信息流广告的有效性，这些广告信息都可以与购买设备的IP地址相关联，前提是信息传播设备和购买设备处于同一网络。对营销人员来说，这无疑是一个数据丰富的时代；随着这些数据的收集和评估，营销团队可以确定在哪里完成交易以获得最大的营销投资回报率，这些操作还可以通过实时多变量测试进一步完善。

🌀 评估

当消费者从知晓进入评估阶段后，这25年来数字化转型的影响力就会变得更加明显。正是在这个阶段，随着技术和内容的每一次创新，消费者对这个过程有了更多的掌控。正如奥美体验公司的全球执行创意总监卡莱塔·麦克戴德（Kaleeta McDade）所常说的，"广告针对受众，体验针对客户"。这句话从未像现在这样正确。

那么，在评估阶段，哪些体验具有最大的影响力？首先，也是最重要的，是搜索。世界各地的消费者往往从打开浏览器的那一刻就开始了他们的决策旅程，无论是通过他们的笔记本计算机、平板计算机还是智能手机，无论是使用谷歌、亚马逊、油管网还是其他来源。消费者的搜索可能先从一个品牌术语开始〔例如，如果我正想搜索一件新的冬季大衣，我可能会输入北面（North Face）或巴塔哥尼亚（Patagonia）〕，但更多的情况是以所谓的长尾搜索（使用小众搜词）开始，使用一个高度可变的、宽泛的搜索短语，例如"2021年适合芝加哥天气的最佳冬季大衣"。这可能会带来一组品牌搜索结果，包括北脸和巴塔哥尼亚等品牌出现在结果的第一页，但返回的结果还会包含产品评论、影响者内容、媒体文章，以及一系列其他结果。品牌可以通过购买短尾（使用大众搜索词，如"冬季大衣"）和长尾关键词，管理搜索引擎营销以获得最大的营销投资回报率，从而抢占先机。在今天，90%的搜索者会点击搜索结果第一页上的链接，因此优化搜索引擎竞价是至关重要的。然而，即使有了这一统计数字，单独进行搜索引擎营销的回报也越来越少，因为消费者在做出最终决定之前会寻找新的内容路径。

从历史上看，搜索引擎营销（在线竞价和购买搜索词）的原理是比较简单明了的。截至2019年，谷歌享有超过92%的搜索市场份额，因此大多数对搜索引擎关键词的投资是在谷歌的基础设施上进行的，谷歌慷慨地提供分析，帮助企业更好地进行竞价决策。然而随着时间的推移，分析洞察的数量已经减少，搜索行为也发生了变化。虽然谷歌仍然主导着一般的搜索流量且遥遥领先，但亚马逊上的产品搜索实际上比谷歌上的更多。桨歌科技

（Jungle Scout）在2021年发表的一份报告认为，74%的美国消费者在亚马逊上开始搜索产品，但河里公司（InRiver）在2021年11月的研究中坚持认为，在电商平台上开始搜索的比例总体上只有44%，包括但不限于亚马逊和易贝（eBay）。这两个数字的差异更有可能是地理原因造成的，亚马逊在美国仍然比在其他地方更占优势，也可能是使用的数据收集方法加大了两份报告的差距。无论怎样，事实是越来越多的人开始通过搜索进行主动评估。

搜索的影响远远超出了零售产品的购买，在考虑数字化战略时，重要的是不要落入亚马逊陷阱。亚马逊陷阱是一种心态，认为只有消费品品牌才需要关注数字参与，将其作为购买旅程中的一个重要组成部分。今天，先进行搜索几乎是每个行业的常态，无论是寻找医疗专家，确定使用哪个抵押贷款经纪人进行再融资，还是探索汽车购买建议。搜索可以帮助激发灵感，可以确认计划，或者可以进行产品的比较。搜索的可能性是无穷无尽的，事实证明，2021年谷歌每天有超过5亿次的搜索中，有15%的搜索是谷歌之前未出现过的。在今天的市场上，流量的规模是惊人的。

正如你所看到的，评估阶段的早期步骤侧重于搜索，但他们并不完全属于搜索引擎和电商平台。还有一些其他工具也有助于评估阶段，其中许多工具本身就是以搜索为导向的。这些例子包括健康评级（Healthgrades），它允许病人搜索医生，同时评估医生的资质和病人的评论，以及点评网（Yelp!），它允许客户搜索餐馆，并阅读其他消费者的评论。社交媒体上的影响者们提供产品推荐，从而帮助进行评估，而像亚马逊回声（Amazon Echo）这样的家用设备将有助于引导消费者走向特定的方向。这种早期阶段的搜索评估往往是一种分析工作，所以如果看了所有的百分比和分析比较后你的脑袋还没有晕，那么搜索引擎优化的职业可能适合你。

一旦搜索者被引导到一个单独的品牌，体验就会接管。公司如能提供一些工具帮助消费者进行快速的比较、简单而透明的评估，提供启发性和新颖的指导，以及提供令人信服的价值主张，会使消费者停留于此。本书第四章到第九章将就如何在客户旅程的这个关键阶段建立和区分品牌，提供一些想法和例子。

📲 交易

客户旅程的下一个阶段是交易。正是在这一阶段，客户决定对品牌做出承诺，当然，这可以通过一系列的方式表现出来，因行业、商业模式、分销结构和其他因素的不同而异。有些交易过程相当简单——在便利店购买零食或在亚马逊上点击一键购买——而有些交易则相当复杂，如购买房屋或在B2B框架下采购高成本物品。这里的关键趋势是向在线交易的转变，更具体地说，是向移动交易的转变，更高水平的自动化、智能化和预测渗透到每个购买过程。

对交易来说，速度是必需的。数字化专家更喜欢用无摩擦这个更时髦的说法，但这确实是关于速度的。在这个后数字化转型的环境下，客户无法容忍复杂，无法容忍错误，对多种形式的流程也没有耐心。亚马逊率先推出了一键式交易，其他公司也迅速效仿。完成购买所需的必要信息应该最小化，并应被捕促，以便使重复交易更加简单。这是商业期望的最重要的演变，也是每家公司的重要筹码。

除了简单和速度，公司还有机会在交易过程中创造出差异。透明度，包括实时可见性，就是其中之一。无论是库存水平、预期总成本、交易的辅助要素，还是服务的等待时间，产生承诺的概率都会随着信任的增加而显著增加，而信任是通过透明度产生的。另一个问题是公司需要融入现代支付体系，因为年轻一代不再像前几代人那样大量采用维萨（Visa）卡或美国运通卡（American Express）这样的传统金融工具。他们正在采用数字钱包、数字交易平台和其他的易货解决方案。试用和分期付款模式正在积极重塑产品的销售和定价模式，因为无论是B2C还是B2B的客户，都一直接触的是基于消费的和先试后买的购买方式。随着品牌对客户期望和需求的理解不断加深，推动独特的差异化和影响力的机会将变得更加清晰，而基于这种理解更新交易体验是至关重要的。

🔹 参与

一旦客户承诺进行交易，无论是购买、注册、预约还是预订，从那时起的体验将巩固他们对品牌及其价值主张的看法。这是显而易见的，但重要的是要反复强调，任何来自品牌的书面或口头承诺都不能取代客户与产品或服务之间以及与出售产品或提供服务的公司之间实际的互动体验。在客户漏斗中，参与阶段是强化品牌认知的阶段，这个阶段将决定客户是走向忠诚，还是一锤子买卖。

当然，这并不是一个新的概念——它定义了过去的标志性品牌，包括福特汽车、泛美航空、霍华德·约翰逊酒店和迪士尼——但在后数字化转型时代，规则已经改变。现在，品牌无法完全预测客户何时、如何以及为什么参与，客户会选择一系列不同的渠道进行互动。如果他们有服务问题，或产品问题，或在当前安排下遇到问题，他们可能通过社交媒体联系，他们可能打电话，他们可能在网页上填写表格，或他们可能下载移动应用程序。无论他们通过什么途径与你的公司联系，他们都希望你知道他们所有的历史记录、关系细节以及与问题有关的背景信息。此外，无论渠道、时间或地理位置如何，当代客户都希望你立即做出响应，他们希望在没有现场客服代表的帮助下完成大部分甚至所有的任务。实际的期望和不切实际的期望之间的界限已经模糊，现在不满足这些期望的代价比简单的客户流失更大。其代价是客户流失和影响放大，因为沮丧的客户现在会通过评估过程使用过的同样的公共渠道，包括社交媒体渠道、博客帖子和其他媒体，自由地传播他们的沮丧情绪，这些最终会被搜索引擎收录。因此公司必须持续关注这一过程。

⮕ 忠诚度

好消息是，这并不全是坏消息。正如牛顿第三运动定律所指出的，"相互作用的两个物体之间存在作用力和反作用力"。虽然我相信牛顿在定义他的第三定律时并没有考虑到后数字化转型时代，但它同样适用于今天。是的，在客户旅程的交易或参与阶段，一个糟糕的反应会导致客户离去并被放大，但同样，一个积极主动的反应会导致无限的忠诚度和同样的正面影响的放大。尽管人们对年轻一代购买者——千禧一代和Z世代——表示担忧和否定，但事实证明，他们对那些在每个接触点上提供积极体验的品牌有着强烈的忠诚。这种忠诚度通过公司扩大关系潜力的忠诚计划得到加强，我们将在本书后文进一步讨论，但从根本上说，他们将继续光顾那些能实现他们对客户承诺的品牌。此外，就像他们在回应不良体验时，会立即进行负面沟通一样，他们在表达积极情绪时也同样迅速。忠诚的客户可以成为你最大的影响者，向他们的个人社交网络表达你的品牌主张，帮助你的品牌向积极的方向发展。公司应该利用这一点，更好地鼓励这种行为，会立见成效。

一旦客户成为你的品牌的忠实用户，潜力就会显著增长。你将获得他们的许可，与他们建立关系，鼓励他们参与更多的关系扩展，以及最终在品牌和客户之间创造更大的价值。聪明的营销团队会持续关注并测量其客户群在旅程的每个阶段的进展。持续的测试和学习是成功的关键，这需要对许多传统组织进行重组，将授权和决策权下放到推动日常参与的团队。同样重要的是测量和分析，通过实时仪表盘和动态聆听工具来追踪市场的情绪和品牌在关键市场中产生的反应。这些曾一度被认为是前瞻性和创新性的能力，现在已经成为品牌的看家本领，单独使用它不会使你的公司脱颖而出，但他们将为推动本书其余部分所述的行动提供必要的基础能力。因此，带着这样的理解，让我们深入研究本书第四章到第九章中为你提供的六个机会，以在这个后数字化转型经济中推动和差异化你的品牌。

第四章

相信你的品牌，重新定义你的战略

在本书的准备过程中，我有机会与不同组织中不同角色的品牌和体验专家交谈。从他们分享的故事和他们为客户所做的工作中，我学习到很多非常吸引人的东西。正如我在前文所说，我在本书中分享的任何内容不是我的团队与他们合作时收集到的机密信息或见解——这里提供的每个例子都来自社区的实际评估和公开数据。此外，我一直努力在所有的例子中保持积极的态度，因为纠缠于负面情绪没有什么价值。虽然突出负面的例子很容易，而且我个人相信我们都会从错误中学习——我从不害怕失败——但我觉得没有必要在这本书中突出它。一个聪明的观察者可以自己发现错误，并从中吸取教训。

在准备这本书的过程中，我有机会和其中一位专家进行了深入交谈，他就是奥美公司的高级品牌战略师大卫·麦凯（David Mackay）。大卫对这个话题有着超常的热情，并对前瞻性品牌如何定义后数字化转型时代的战略提供了深刻的见解。

大卫提出的一个观点是，如今，品牌有时会忽略体验的演变和影响，以及将品牌战略与体验预先结合的重要性。他使用了流行电影《黑客帝国》中的比喻，指的是蓝丸品牌认为自己能适应现状，而红丸品牌则认为必须迅速做出大动作，才能保持对现代客户的影响。有趣的是，在他看来，品牌很少落入中间地带，做出小的渐进式的改变，因为这种改变的投资回报率最低。正如第三章"关注当代消费者"中所讲的那样，很明显，实际的和不切实际的客户期望之间的界限已经模糊了，微小的改变不会带来重大的变化。移动应用中添加的新按钮或者网站上的新导航这样的微小改变，没有人会注意或有所反应。客户不会因为你最近添加了一项艾莉克萨（Alexa，亚马逊公司提供的智能语音助手）技能而蜂拥而至，也不会因为你允许他们通过智能电视进行实时互动而趋之若鹜。相反，客户会在整个体验链中评估品牌，除非体验的每个阶段都与品牌主张相一致，否则体验链中的一个薄弱点就会打破客户的认知，导致客户流失。

最关键的是，企业需要坚信自己的品牌主张，然后评估和完善体验的每一个阶段，使其在各个方面都与品牌主张相一致。大卫强调，星巴克就是一个完美的例子，它已经成为一个标志性的品牌，历经现代社会的多次演变，能一直举足轻重。

🧭 体验决定品牌

星巴克并非一直是我们今天所知道和了解的那个强大的咖啡馆品牌。根据对其起源和成长的一些资料描述，包括大英百科提供的一个很好的概要，星巴克最初的战略是保持小规模经营。它在1971年由三位学者创立，他们是杰里·鲍德温（Jerry Baldwin）、戈登·鲍克（Gordon Bowker）和泽夫·西格尔（Zev Siegal），他们都喜欢咖啡和茶。对于那些在高中或大学时读过《白鲸》的人来说，你会认出星巴克这个名字是佩奎德号（Pequod，《白鲸》书中一艘捕鲸船的名字）的大副。三位创始人说，星巴克名字的灵感来自这个经典的故事，让人想到早期咖啡商人的航海传统。甚至星巴克无处不在的品牌标识出自塞壬（Siren），她是神话中半鸟半人的女海妖，以其甜美的歌声引诱水手走向毁灭。要了解塞壬的起源，我们可以回到荷马史诗《奥德赛》，但星巴克标志的最初设计者特里·赫克勒（Terry Heckler）说，他"整理了旧的航海书籍，根据16世纪北欧的木刻设计了双尾的海妖"。如果没有其他问题的话，当人们在鸡尾酒会上试图说服你星巴克的标志是美人鱼时，你现在可以纠正他们，它不是，它是一个海妖。

在产品方面，星巴克的灵感来自阿尔伯特·皮特（Albert Peet，简称皮爷）咖啡和茶（美国一家老咖啡店，被誉为美国浓咖啡的发源地，也被人称作"星巴克之父"），它于1966年在加州伯克利开业，并持续经营至今。1971年，星巴克在西雅图的派克广场区开设了他们的第一家咖啡馆——如果你没去过那里，我建议你下次进城的时候去看看——并专注于销售高质量和独特的咖啡混合物和冲泡设备。他们并不是我们今天所知道和喜爱的咖啡馆模式。到1981年，开业整整10年后，他们在西雅图地区开了4家店，并形成了一种类似于皮爷咖啡在加州湾区那样的品牌崇拜。他们的营销主管是一个熟悉的名字，霍华德·舒尔茨（Howard Schultz），但此后不久他就离开了。舒尔茨当时访问意大利时观察到了一种极为成功的咖啡馆模式，但他认识到星巴克的三位原始创始人对扩大他们的生意并复制意大利模式并不感兴趣。他们认为，生意和他们的品牌应该聚焦于咖啡本身，而不是围绕喝咖啡时的体验。

对我们所有的咖啡和茶爱好者来说值得庆幸的是，最初的创始人决定出售星巴克股份。1987年3月，舒尔茨从最后两位所有者鲍德温和鲍克手中买下星巴克的品牌和运营权。舒尔茨激情地致力于星巴克的咖啡馆概念，取得了巨大的成功。他仍然专注咖啡豆和设备的销售，同时在店内增加其他项目。在短短的4年时间里，星巴克的连锁店从不到20家发展到100多家，扩展到芝加哥、温哥华、华盛顿特区和纽约。在1992年星巴克成功完成首次公开募股（IPO）后，这种增长仍在继续，1996年他们开始向国际扩张。到了20世纪末，也就是舒尔茨接手后的短短13年里，星巴克在十几个国家和地区拥有超过2500家分店。

毫无疑问，舒尔茨理解体验的价值，以及用体验定义品牌带来的机会。星巴克的品牌不是最初的创始人所设想的仅仅关于咖啡或茶，而是围绕你从踏入商店的那一刻起所得到的温暖感觉。

用他们自己的话说，星巴克 "每周都会迎来数百万的客户，并成为世界各地成千上万的社区的一部分。在我们所做的一切中，我们始终致力于完成我们的使命：激励和培育人类的精神——通过一个个人，一杯杯咖啡，一个个社区。"这是对品牌出发点的坚定承诺，通过星巴克提供的体验绝对可以证明这一点。

无论当时还是现在，当你进入星巴克门店，迎接你的都是一个让你想起家的舒适的环境，无论这种舒适是什么。如果天气凉爽，角落里通常会有一团火在噼啪作响。如果天气暖和，则有一个风扇在循环吹送舒适的凉风。店内播放着悦耳的现代背景音乐，声音通常不大，不足以盖住嘈杂的谈话声。舒适的座位比比皆是，而这些座位上坐满了朋友和工作同事，大家一边享受着饮料一边聊天。在其他角落，渴望成功的作家，包括笔者，正盯着笔记本屏幕疯狂地打字。这里的装潢始终如一，深色的木头，玻璃柜台，一系列的小吃，以及一致的饮料菜单——标准的咖啡和茶系列，也许还有一些反映当地文化的独特选择。

我是从个人体验出发来讲星巴克。在我的职业生涯中，我经常会到处旅行，访问过美国所有50个州和一系列国家，包括但不限于英国、法国、西班牙、匈牙利、日本、中国、印度、俄罗斯、澳大利亚、新西兰、巴西、阿根廷和巴拿马。每一次出差，我住的酒店附近都有星巴克的标志，我发现自己在异国他乡寻找熟悉的感觉，尽管每个所到之处的美丽和文化都让我感到敬畏。

从某些方面来说，《干杯》（*Cheers*，一部经典美剧）中的那首歌是真的，你只是"想去每个人都知道你名字的地方"。虽然莫斯科的星巴克里没有人知道我的名字，但它仍然有一种熟悉感。我至今都记得孟买星巴克的咖啡师看到了我眼中的"时差"，给了我一杯五份（一份大约30ml）美式咖啡。基督城的星巴克有一个弹着原声吉他的人在唱着《感恩而死》（*Grateful Dead*，美国摇滚乐队）的歌曲，这段经历十多年来一直伴随在我的记忆里。而力量就在这种一致性中。

　　舒尔茨和他的团队能创造出的东西实在是太精彩了。一个从门店到另一个门店的始终如一的体验，迎合了当地人和旅行者的需要，带来了一种归属感、社区感和宁静感。人们将这种体验融入他们的日常生活中，毫不犹豫地用多达5美元来购买一杯可能与街边的当地小餐馆质量相当的咖啡，而那里的咖啡则明显便宜得多。这一时期出现了许多其他的咖啡大品牌，包括激发了星巴克的皮爷咖啡（Peet's）、卡瑞布咖啡（Caribou）、达兹博格咖啡（Dazbog），以及当肯（Dunkin'）和麦当劳这些快餐店在更多的产品组合中也提供了咖啡。无数的小型精品咖啡店也相继开业。他们都积累了自己的追随者和粉丝，并且都提供优质的产品。然而现实是，这些都没有达到星巴克通过端到端体验创造的光顾率或品牌忠诚度水平。

　　然而，星巴克并没有成为一个单一轨迹增长的成功故事。舒尔茨在2000年从星巴克退休，在最初的成长期之后的7年里，星巴克一度迷失方向。正如常春藤熊猫（Ivy Panda）发表的一项案例研究所观察到的，星巴克的体验变得不人性化了。根据该研究，到2007年，星巴克里建立亲密感和熟悉感的理念已经开始消失，越来越少的咖啡师用名字问候客户，大型咖啡机隐藏了咖啡制作过程。案例研究继续解释说，舒尔茨将人与人之间的联系视为星巴克品牌承诺的根基，而这段时间里这一点已经被忘掉了。舒尔茨提到，门店的设计不再熟悉，失去了在客户和咖啡店之间建立情感联系的邻里感觉。简单地说，星巴克正在商品化，成为另一个大众市场的咖啡店，以"比街角小餐馆更高的价格提供精致饮品"。那段时间星巴克暂时忘记了他们的独特之处——他们亲密体验的品牌主张——他们的业绩受到很大影响。竞争产品，包括皮爷咖啡、卡瑞布咖啡和前面提到的其他产品，开始以较低的价格开发同等的体验。在2008年大衰退的低点，星巴克的股票跌至每股6美元，比2006年的高点下降了75%。

幸运的是，舒尔茨同意在2007年回归，接受了"相信品牌并重新定义你的战略"的理念，以实现品牌承诺。就星巴克而言，这要求星巴克再次创造一种独特的、与众不同的、熟悉的咖啡馆体验以吸引客户，但这并不是要回到过去，而是拥抱未来，用他自己的话来说就是"创造一个让人们在家庭和工作之外，可以舒适地打发时间的第三空间"。舒尔茨关闭了数百家门店，更换了几名高管，达成了公平贸易协议，并专注于推动在中国的显著增长（为星巴克打开了茶市场）。他甚至注意到，星巴克出售的食品会产生一种气味，使星巴克咖啡熟悉的香味大打折扣，因此他更换了食品，调整了制备过程。舒尔茨认识到，人们来到星巴克是为了提高工作效率和获得休闲娱乐，而且越来越多地需要电子设备和网络连接，因此星巴克是第一个提供充电设备和店内免费Wi-Fi的咖啡门店之一。

最重要的是，舒尔茨和他的管理团队接受了数字技术的潜力，再次使品牌体验与众不同。

🔗 通过数据分析和参与建立文化

星巴克之所以成功，是因为他们持续关注数字化转型，以及数据和互动所提供的机会，从而改善每位客户的体验。这远远超出了创建一个方便的网站和移动应用程序，这是第六章"时间是新货币——期待而不侵扰"的主题。这是星巴克品牌声明的体现和实现，它将自己嵌入到社区文化中，激发人们一杯一杯地消费咖啡。

在经济低迷时期加倍投资需要极大的承诺和信心，而霍华德·舒尔茨本人和他的新执行团队都拥有这一点，董事会和关键股东也同样如此。2008年经济危机后，作为公司转型计划的一部分，当时的首席信息官斯蒂芬·吉列特（Stephen Gillett）创建了一个"内部风险投资式的数字技术孵化器"，名为星巴克数字风险投资公司，并赋予该内部团队独立运营和构建数字资产的自主权。这导致了2009年第一款星巴克手机应用程序的推出。

对星巴克来说这款移动应用的推出非常重要，因为他们正在努力恢复门店的到店客流量。它利用了他们品牌体验战略的一个重要支柱——便利性，将咖啡点餐体验提高到了一个以前无法想象的水平。这个最初的"我的星巴克"（My Starbucks）应用程序于2009年9月推出，允许iPhone和iPod touch的用户通过该应用程序定位门店，获取各种饮料的营养信息，并通过互动饮料生成器建立他们自己的混合饮料。它甚至支持西海岸某些地方的用户通过应用程序为饮料订单付款，这在当时是一个闻所未闻的功能。这种新功能一方面非常新颖，是我们在第七章"找到满足市场需求的新方法"中将探讨的一种体验差异化策略，另一方面也是星巴克想要建立的体验基础。创造你的饮料，把它储存在你的应用程序中，然后用应用程序把订单推送给咖啡馆，这样它在你到店时就已经准备好了，这就像当你走进附近的酒吧，你预订的饮料已经放在你最喜欢的凳子上等着你来体验一样。这是舒尔茨、吉列特和其他体验团队成员的一个天才之举。

然而，"我的星巴克"应用程序不仅为消费者提供了便利，还为星巴克提供了大量的数据，因为该应用程序与已经实施的星巴克卡忠诚度计划相联系。这个忠诚度计划允许用户给卡充值并在柜台快速支付，这是为消费者提供的另一个便利因素，同时也将每笔交易与个人联系在一起。星巴克开始追踪客户的购买习惯，并通过鼓励客户填写一份包含基本信息的个人资料，来创建客户档案和用户画像，最终指导公司制定门店位置到菜单再到店内操作的决策。店员可以再次用名字问候客户，可以根据不断变化的个人档案提供意见和建议，并可以做出微妙的评论，以加强服务员和客户之间的个人联系。星巴克再次让人有了另一个家的感觉，这也让其重新走上了增长之路。

在接下来的10年里，"我的星巴克"应用程序继续发展，随着设备能力和网络容量的增加，新的便利和功能也在增加。到2013年，也就是推出4年后，该应用程序每周仍有10万次独立下载，星巴克每周要处理由700万活跃的移动支付社区用户产生的超过300万次移动支付，这导致2012年通过"我的星巴克"忠诚卡处理的付款超过30亿美元。2012年通过手机应用程序，使用为忠诚度卡开发的配置文件订购节省了10秒的时间，这意味着所有用户排队等候的时间减少了90万小时。截至2013年年底，该公司的股票已经收复了先前的所有损失甚至更多，最高达到每股73美元。

🔄 通过数据分析进行定位

基于分析洞察，舒尔茨和团队在这一数字化转型时代认识到，个人客户为了一杯咖啡只会走有限的距离，超过这个距离就会降低整体体验，使品牌蒙羞。是的，这背后也有一个财务动机，因为平衡最大的人流量和每家店的运营成本可以优化利润率。但舒尔茨坚持不懈地关注体验，认识到体验将推动品牌忠诚度，最终将推动收入和利润率。这一举措促使星巴克创建了一个"就近购买"模型，利用阿特拉斯（Atlas）数据采集软件提供的数据来评估星巴克门店所处的每个社区的特点。该数据集包括消费者的人口统计学特征、人口密度、平均收入水平、交通模式、公共交通枢纽以及所考虑地点的商业类型。

星巴克不断地将这些数据与类似地点的实际门店业绩进行对比分析，以决定在哪里开设新店。这会导致一些看起来很奇怪的决定，比如在哈佛广场1英里（约1.6千米）范围内开设4家星巴克咖啡馆，或者在纽约市十字路口的对角开设两家咖啡馆。从圣保罗到北京再到伦敦，每一个地方都使用同样的模型来优化店面位置，开设新店，关闭表现不佳的门店。该模型已成为门店位置优化的基础，但星巴克仍然是使用数据优化体验的先驱。

利用技术来推动参与和增长

星巴克继续投资于其移动和网络体验。到2016年，移动订购和支付约占总订单的25%，而这导致其在2017年实施了客户飞轮策略。客户飞轮建立在4个支柱上：个性化、订购、支付和奖励。据星巴克首席战略官马特·莱恩（Matt Ryan）说，星巴克当时的目标是"不仅要在短期内推动卓越的业务成果……而且要让数字经营超过实体经营，这非常具有挑战性。"这是个真正的天才想法，而且它在参与和增长方面继续产生了巨大的红利。截至2013年，星巴克在脸书上拥有超过5400万活跃粉丝，在推特上拥有300万粉丝，在照片墙（Instagram）上拥有接近100万粉丝。随着后来平台的重新平衡，星巴克在脸书上重新分配并保留了超过3600万粉丝，在推特上有1100万粉丝，在Instagram上有1200万粉丝。舒尔茨和团队既利用论坛与客户沟通，也向他们征求意见，一个名为"我的星巴克想法"的解决方案在推出后不久就产生了5万条体验改进建议。

利用其内部的数字孵化器和从客户那里征集的建议，星巴克开始与其他创新的数字品牌合作建立了一个生态系统，例如和声田（Spotify，美国音乐流媒体平台）合作创建了独特的歌单以增强星巴克的体验，以及和来福车（Lyft，美国打车平台）合作使往返咖啡馆的路程更加轻松。其与《纽约时报》、《经济学人》

和《华尔街日报》达成了协议，允许通过免费的星巴克Wi-Fi应用程序访问内容，以鼓励客户不仅光顾咖啡馆，而且在这里花更多时间。正如首席数字官亚当·布罗特曼（Adam Brotman）所说："我们在数字领域所做的一切，都是为了提高和加强与客户的联系，只有数字才能做到，也只有星巴克才能做到。"

这并不意味着星巴克在数字化转型方面的投资没有遇到障碍。特别是提前下单的功能，被证明是有问题的，因为会导致突然间订单量大幅增加，而不像客户排队时那样自然的节制。完成移动订单也迫使店内的人等待更长的时间才能获得他们的饮料，更糟糕的是，店员在完成移动订单时，店内的客户就在那里直直地盯着。有些沮丧的店内客户开始聚集在取单区附近，而星巴克的整体体验又开始下降。当一些门店选择优先考虑店内客户时，提前下单的客户到达后发现他们的饮料还没有准备好，他们开始聚集在一起，变得很沮丧。在一段时间内，星巴克成了自己数字成功的受害者。

幸运的是，自动化和分析技术再次被用来校准星巴克的体验。根据每天的日期、是星期几和具体时间，再结合天气等实时输入，创建了可预测模型，以预测何时会有大量的订单涌入门店。然后，店员可以提前计划，在预期需求的情况下冲泡和准备特定的饮料或饮料成分。此外，还可以优化人员配置决策，以确保能承接订单流，而不至于让员工被迫进入闲置状态。而且，在占地面积较大的情况下，可以将设备移到里屋，让移动订单在幕后准备，这就是所谓的幽灵厨房。这些分析也改善了门店层面的供应链补货，确保每个门店不仅能预测并为满足每个客户的需求做好准备，还能确保库存与需求保持一致。

星巴克12年的数字化转型之路产生的效果远远超过了对体验的改善，其中有几项稍早就有提及。星巴克高管通过从调度到库存管理到产品监控的自动化，提高了员工的生产力，并通过自动化提高了每家店的吞吐量——在一段时间内处理的订单总量。当然，这导致了收入和利润率的直线上升。其利用分析、客户洞察力和快速测试理念，推出新的口味（南瓜辣味拿铁，有人喝过吗？），创造季节性和基于场景的产品，并通过数字营销技术推动更多的参与行为。其采用了本书中讲过的许多其他技术，并继续遵循这本行动手册，以推动增长并保持其在市场上的主导地位。在新冠疫情关闭期间，其商业模式本应彻底崩溃，但其依然保持住了这个地位。说实话，整本书可以以星巴克的故事为基础，因为它是市场上传统品牌认识到建立独特体验重要性的最好例子之一，让体验来定义品牌。为了本书的目的，我们将在本章的大部分内容中保留星巴克的例子，并重点介绍其他几个同样引人注目的品牌。

🔄 将品牌承诺变为现实

然而，在我们离开星巴克之前，重要的是我们要反思这在今天的后数字化转型时代意味着什么。从星巴克的故事中可以学到什么，从而改善你的品牌体验和你与客户的联系？这里需要强调三个关键点，这三点都突出了对品牌的专注和不懈努力的重要性。

首先，不断验证你的品牌主张，并验证你的体验，让客户旅程的每一个阶段，都能反映这个主张。无论品牌和体验战略多么强大，无论团队如何清晰和频繁地阐述这一战略，在客户接触点上始终存在对这一战略关注度不足的风险。

幸运的是，通过直接审查每个界面、通过客户倾听工具和通过体验分析，管理和衡量数字体验的遵守情况非常简单。这需要一个持续的过程，而且这种审查应该与持续的改进过程结合起来。星巴克的故事反映了这一点的效果，因为其不断发现机会来完善和改进数字体验，以支持其整体品牌承诺和体验战略。

对于那些提供实体体验的品牌来说，无论是零售店、餐厅、分店还是其他模式，经常去这些地方同样至关重要。在那里，高管和品牌领导人应该观察、访问，并与客户和员工交谈，找出改进和调整的机会。开放式的、高层次的问题往往会浮现出非凡的洞察力和想法，同时也会让客户和员工在更深的层次上参与进来。星巴克这样做是其标准流程的一部分，这个流程使霍华德·舒尔茨在2007年发现，门店的重新配置以及提高效率和标准的努力正在使星巴克门店与星巴克品牌承诺脱节。此外，团队要观察客户如何使用门店，以及员工如何看待客户使用商店。这导致了店内体验的调整，并导致了数字体验的增加，以支持该品牌承诺并使星巴克保持其快速发展的轨迹。

第二，不要以为数字赋能会掩盖糟糕的体验。专注于前面所描述的品牌和体验的一致性，并认识到数字平台和技术是一种促成因素。正如我们所讨论的，数字现在是无形的。在大多数情况下，它不再与众不同，就像空气一样。除非它不存在，否则我们不会意识到它在那里。如果数字功能不能如他们星巴克的客户所期望的那样工作，他们很容易感到沮丧——如果他们的订单没有做好，如果他们的付款没有处理好，或者如果Wi-Fi连接中断——但这些功能并不能将星巴克与其竞争对手区分开来。它并不能激发客户的热情让丹佛国际机场出现30至40人的排队现象。它也不会促使新西兰克赖斯特彻奇（Christchurch）的星巴克或伦敦肯辛顿高街（Kensington High Street）的星巴克出现满座的情况。

有趣的是，如果你梳理一下人们的社交媒体，会发现他们并没有对咖啡的味道或零食的质量大加赞赏，尽管在我看来，这两者都很好。取而代之的是，人们抒发了对店内体验的感知，对一致性的感知和家的感觉；这是继续使星巴克品牌与众不同和独特的原因，星巴克对这种由体验驱动的品牌根基的不懈努力，使其在两次重大的市场事件中得以生存和繁荣，而这两次事件会摧毁许多较小的品牌。

第三，确保你的员工接受你的品牌承诺，因为员工是你体验的最终呈现者。虽然我在之前的星巴克故事中没有详细强调这一点，但它一直是该品牌成功的基石。当客人进入店内时，员工不仅会微笑并提供友好的问候，他们会努力认出客人是谁，并把他们当作常客。这让人感觉到星巴克是社区中不可或缺的一部分。让员工完全理解和反映品牌，需要企业的专注和投入，首先要了解品牌体验战略，然后灌输该战略的价值。员工需要感觉到自己是更大事业的一部分，他们需要感觉到自己正在做出积极的改变，他们需要因为出色的表现而获得奖励。星巴克做到了这三点，其结果是永远积极的店内环境，将员工与客户和品牌联系在一起，从而带来了客户更深的忠诚。

第五章

销售体验，而不是产品

奥美广告业务的现任全球首席执行官安东尼斯·科切拉斯（Antonis Kocheilas）整个职业生涯都致力于制定品牌战略，他指导了许多最具标志性的品牌，确定品牌的价值主张和制定独特的差异化策略。通过与他的团队和客户合作，他赢得了无数的奖项，包括令人羡慕的戛纳国际创意节最高奖——狮子奖。他坚信，体验是品牌战略的基础。

当安东尼斯和我坐下来讨论这本书的重点时，他向我解释说，从历史上看，品牌战略是一种理想化的差异化表现形式。多年来，广告代理机构、营销领导人和品牌经理都在努力将各个品牌描绘得比他们的竞争对手更好，定义品牌的独特特征、因素和承诺，以超越他们的竞争对手。这仍然是今天品牌建设的目标，虽然路径可能在不断演变，但最终目标并没有改变——目标仍然是在个人和品牌之间建立情感联系，最终推动各种形式的忠诚度。

🔄 商品化使品牌变得平庸

在安东尼斯看来，企业打造品牌之路已经发展到一个阶段，即消费者和企业买家现在与品牌打交道，不再关注品牌是什么——品牌本身几乎已经没有什么存在感。安东尼斯解释说，我们已经从一个"注意力丰富和媒体稀缺"的时代，即只有少数几种方法与客户沟通，而客户愿意密切关注信息传递的时代，转移到一个"媒体丰富和注意力稀缺"的时代。不远的30年前，一个城市的所有居民都会通过阅读本地报纸、收听本地广播和收看本地电台节目来获取早间新闻。这些传播是有时间限制和受控的，媒体买家根据不同媒体的人口数据来选择受众。现在，每个人都有无数的新闻和信息来源，没有时间或地理的边界，而且不可能预测每个时刻受众的注意力会落在哪里。

不幸的是，当你回顾整个数字化转型时代乃至今天的许多营销和品牌活动时，很明显大多数品牌并没有利用这一趋势。相反，许多品牌已经失去了自我。他们已经商品化，陷入了同质化的海洋。安东尼斯将此与现代汽车设计的进步相比较。安东尼向我解释说："随着风洞的建造以及学会利用气流对汽车设计和性能产生影响，汽车设计彻底发生了转变。"一旦汽车设计师开始为气流而不是为汽车本身的独特美感而设计，所有的汽车就开始看起来都一样了，很难将一个汽车型号辨认出来——甚至颜色也差不多了。同样，数字化转型成了品牌的风洞，因为每家公司都在疯狂地推出在线网站和移动应用程序，并为似乎每天都在涌现的新渠道创造内容。安东尼斯强调，这样做的结果是，许多品牌开始将其客户体验商品化，以配合客户的行为，他们之间没有任何差异化的特征。

这样做的结果是，品牌信息和品牌本身失去了存在感。布局、导航、展示和促销信息看起来都一样，而且没有了传统广告环境下的对单个品牌的自然聚焦——看到两个竞争产品背靠背在同一广告出现的情况并不多见——突然间，差异化被平庸取代。

➲ 客户控制品牌建设

由于控制权从品牌转移到了个体身上，品牌的挑战已经加速了。正如安东尼斯讨论中告诉我的，"品牌建设不再由CMO（Chief Marketing Officer首席营销官）控制，品牌建设现在是客户做的事情——品牌主张是客户参与的结果，而不是品牌沟通的结果"。以前，品牌和渠道控制着沟通的表述和风格，而现在，每个人都可以通过点击在网站之间、频道之间和内容之间跳转。在前数字化时代，品牌营销人员面临的最大挑战是电视上的遥控器或收音机上的按钮，但现在突然间，只要点击一下鼠标或滑动一下手指，就可以获得成千上万的信息来源和内容。在数字化转型时代的高峰期，品牌广告起初被认为是一个有趣的新奇事物，客户发现广告可以根据自己的个人需求和愿望定制，这很吸引人。但是现在客户开始质疑他们的语音助手是否在偷听他们的谈话，并根据他们的随意谈话定制广告，这已经成为一个令人不安的趋势。

值得注意的是，语音助手不会主动这样做；他们并没有监听你说的每一句话以进行广告定制。他们确实在监听一个触发词——最知名的是"艾莉克萨"和"嗨，谷歌"——他们会抽查随机短语，以提高语音识别能力，但除此之外，他们是无害地捕捉周围的环境声音，没有其他目的。与许多事情一样，现代媒体和博客内容缺乏责任感，导致了一系列失控的关于监听的谣言，无法充分发挥语音接口设备的价值，这是不公平的。

不管怎么说，隐私问题迅速让广告的新颖性黯然失色，而且很快这些定制的促销信息就从让人感觉方便转向令人毛骨悚然。人们开始对他们产生负面的反应，因此聪明的营销人员对他们的促销信息进行了一些调整，显得不那么有针对性，牺牲了超级相关性来换取客户的心理舒适感。与此同时，主要的广告平台——谷歌、脸书和其他公司——因其收集数据和定制信息的做法而受到相当激烈的谴责，这仍是有些不公平的。营销人员越来越发现他们的工具被污名化了，突然间，创新而且新颖的数字平台成了品牌广告商无法预测的平台。

以体验取代产品

现在我们已经进入了后数字化转型时代，这一切意味着什么？我们的策略是否会再次调整？这个答案是肯定的，这也是本章的重点。

鉴于在数字化转型时代品牌在大多数情况下已经商品化，因此产品也随着品牌的商品化而商品化就成了自然的结果。亚马逊模式造成的众多后果之一就是，现在所有的东西都装在棕色的快递盒内放在我们的家门口，而且所有的东西都可以唾手可得。产品已经失去了所有的有形特征。他们在平面屏幕和设备上被连续显示，甚至已经失去了尺寸和感觉。在平板计算机上浏览商品时，很难表达出柠檬清新香味的价值，或者羊绒织物的独特柔软度。品牌试图通过视觉、文字和视频来表达运动感和兴奋感，但这是不一样的。我们是多感官的人，而当我们在通过数字屏幕进行互动和评估产品时，我们被简化为一种或最多两种感官。现在，数字已经变得无处不在，我们不再像以前那样的场景下用五感来看待产品。

也许更有趣的是，新兴的"千禧一代"和"Z世代"并没有被产品，甚至是品牌本身所触发出情感。也许有几个例外——比如特定身份的服装品牌和高端汽车品牌，他们持续不断地吸引着年轻一代的注意力，使人们通过展示自己获得和拥有这些独家物品的能力来体现身份和声望——但这并不能创造情感纽带。吸引年轻一代的是与品牌互动的体验，以及品牌体验在他们心中唤起的情感反应。

为了更详细地说明这一点，让我们关注两个著名的、令人钦佩的全球运动品牌：耐克和阿迪达斯。这两个品牌来自地球的两端，都采取了类似的策略，从关注产品过渡到关注体验，以便在数字化转型时代和今天的后数字化转型时代保持举足轻重的主导地位。

创新和表现的基础

就其历史而言，阿迪达斯和耐克是有趣的比较对象。阿迪达斯是一家有100年历史的公司，由阿道夫·达斯勒（Adolf Dassler）在其哥哥鲁道夫（Rudolf）的支持下于1924年在德国创立，最初的名称是达斯勒兄弟鞋厂（Gebrüder Dassler Schuhfabrik）。40年后的1964年，耐克由俄勒冈州田径教练比尔·鲍尔曼（Bill Bowerman）和他的学生菲尔·奈特（Phil Knight）共同创立。它的原名是蓝丝带体育（Blue Ribbon Sports）。无论是达斯勒兄弟鞋厂还是蓝丝带体育，都不是能够自然而然俘获人心的名字，但他们都是由鞋子设计师而不是由营销人员命名的。

阿迪达斯和耐克都是以专注于改进田径鞋而起步的公司，起点很低。首先是阿迪达斯，达斯勒兄弟在德国的一个小工厂里制造他们的鞋子，该工厂很难保持电力供应，所以他们经常用工厂里的固定自行车产生的电力来运行他们的机器。达斯勒的独特价值主张是一种工匠精神；阿道夫·达斯勒将典型的田径鞋从以前的重金属鞋钉模式过渡到利用帆布和橡胶的模式。阿道夫和阿迪达斯在说服美国短跑运动员杰西·欧文斯（Jesse Owens）在1936年夏季奥运会上改穿阿迪达斯钉鞋而获得了4枚金牌后开始名声大振。此后，消息迅速传播，在第二次世界大战开始之前，达斯勒家族每年销售20万双鞋。尽管在战争期间制造业出现了短暂的停顿，但达斯勒兄弟在大部分时间里继续经营他们的工厂，并被认为是战争期间能够在国内经营的最后一家运动鞋厂。他们也顺便成为这一时期德国军队最主要的鞋子供应商。

有趣的是，当然也不是很为人所知，达斯勒兄弟在1947年分道扬镳，鲁道夫成立了一个新的品牌，最终以彪马为品牌命名。阿道夫保留了工厂和产品，并在1949年注册了阿迪达斯公司的名字。有一个都市神话，说这个名字是"我整天都梦想着运动"（All Day I Dream About Sports）的缩写，但实际上它是阿迪·达斯勒（Adi Dassler）这个名字的缩写，即阿迪达斯（AdiDas）。三年后即1952年夏季奥运会之后，阿迪达斯以两瓶威士忌和相当于今天1600欧元的价格从运动鞋品牌卡虎（Karhu Sports）那里获得了三条纹的标志。从那时起，阿迪达斯才真正开始了品牌建设之路。

耐克也走过类似的道路，尽管它一开始不是制造商，而是一家经销商。它最初销售日本制造的鬼塚虎（Onitsuka Tiger）鞋，鲍尔曼和奈特在田径比赛中出售这些鞋，并将货品放在奈特的汽车后备厢中。1964年，蓝丝带体育公司的经销销售收入为8000美元，1965年扩大到20 000美元。到1966年，他们在圣莫尼卡（Santa Monica）有了一家零售店，1967年，他们将零售和分销扩展到马萨诸塞州。奈特搬到了波特兰，接管了商业运作，让鲍尔曼留在尤金（Eugene）专注于鞋子设计。一个著名的故事是，鲍尔曼在试验一种鞋底设计时，毁掉了他妻子的比利时华夫饼模具，这就是后来的华夫训练鞋。华夫格纹的训练鞋鞋底成为1972年发布的耐克首款鞋科尔特斯（Cortez，也有人称为"阿甘鞋"）的特色。时至今日，它仍然是耐克公司最具标志性的鞋款之一。同年，蓝丝带体育公司更名为耐克，以希腊胜利女神的名字命名，而现在标志性的勾型图案则是在1974年首次引入。

在其历史的早期，阿迪达斯和耐克都将其品牌建立在创新和运动表现的概念上，将自己与出色的运动表现以及鞋子对运动员成就的贡献联系起来。在20世纪50年代，阿迪达斯推出了第一款带有尼龙鞋底的足球鞋，即标志性桑巴鞋设计，并成为这几十年来一直的设计基础。他们的品牌主张是通过设计提高速度，他们将自己与早期运动先锋的成就联系在一起，包括第一个正式跑完波士顿马拉松的女性凯瑟琳·斯韦策（Katherine Switzer），和在1968年的墨西哥城奥运会上创造了背跃式（Fosbery Flop）跳高的迪克·福斯贝里（Dick Fosberry）。这其实是一种暗示，普通人买了阿迪达斯的鞋子就能达到这些运动员的运动能力水平。这是一个出色的、非常成功的品牌定位的基底。此后不久，阿迪达斯推出了第一件以历史上最著名的德国足球运动员之一的弗朗茨·贝肯鲍尔（Franz Benkenbauer）命名的运动服，扩大了运动服装产品组合，同时继续将其产品和形象与当时欧洲标志性的体育人物联系起来。穿上阿迪达斯的运动服，再穿上一双阿迪达斯的运动鞋，你就可以像贝肯鲍尔一样驰骋球场了！

阿迪达斯进一步扩张，在1970年开始设计和制造国际足联世界杯比赛用球，一直坚持到现在，并在1972年慕尼黑奥运会上推出了其现在著名的三叶草标志。包括整个德国队在内的著名的奥运选手们比赛时都穿着阿迪达斯的鞋子，以及可能更重要的是，来自苏联的选手瓦莱里·博尔佐夫（Valeri Borzov），他穿着阿迪达斯的鞋子跑步，并成为世界上跑得最快的人。

20世纪70年代阿迪达斯又普及了一种创新的网球鞋，这是一种没有传统的三条纹的全白鞋子——最初被命名为哈莱特（Hallett），在1963年推出——在1978年重新命名为更著名的斯坦·史密斯（Stan Smith，美国原网球明星）鞋。该鞋与美国网球明星联系起来，为阿迪达斯打开了美国市场，因为有抱负的网球运动员希望与一个美国名字联系起来（美国当时为网球大国）。突然间，网球运动员和时尚人士在20世纪70年代都穿上了这种白色的鞋子。最后，在20世纪80年代中期，美国的嘻哈奇迹Run DMC（美国著名黑人说唱乐队）开始穿着阿迪达斯超级明星鞋作为他们标志性造型的一部分，于是乐队和嘻哈时尚的追随者们涌入商店购买类似的鞋子。

耐克走了一条类似的品牌推广之路，正如人们所期望的那样，将重点放在美国运动员身上。在推出由波特兰州立大学的一名学生设计的勾型符号后，耐克发布了其专利气垫技术，该技术是由当时美职篮篮球新秀迈克尔·乔丹而广为人知的。正如乔丹那样，耐克的飞人乔丹（AIR JORDAN）系列也一飞冲天，每个怀揣伟大的篮球梦想的年轻人都想赶到商店去买一双。我当时也是这帮年轻人中的一员，我在高中的体育馆里自豪地穿上了一双红黑相间的乔丹高帮篮球鞋，但是出乎意料的是，我的NBA生涯并没有如我所愿发展起来。幸运的是，我发现数字营销和技术成了备选项。

耐克公司继续将他们的品牌与伟大的运动员联系在一起，遵循阿迪达斯的品牌宣传策略，将其产品与精英选手和运动表现联系在一起。20世纪80年代末迎来了"只管去做"（Just Do It）的时代，这句话最初与博·杰克逊（Bo Jackson）有关，他是美国的超级明星运动员，在职业棒球大联盟（Major League Baseball）和职业NFL橄榄球（NFL Football）中都获得了全明星的称号，同时还赢得了大学橄榄球海斯曼奖杯（College Football Heisman Trophy），并被选入大学橄榄球名人堂，给人留下了深刻的印象。这句口号，以及名为"博知道"的宣传活动，使耐克训练鞋在市场上热销。如果博认为这款训练鞋这么棒，那么其他人肯定也会从中受益。

因此，随着迈向数字化转型时代，阿迪达斯和耐克都处于有利地位。他们有健全的品牌战略，他们有忠实的追随者，他们有创新的产品。然而，像许多品牌一样，随着市场开始变化和商品化，他们的业务也出现了下滑。突然间，市场上出现了许多品牌，每个品牌都有专业的产品、独特的设计，并有独特的代言人，使他们能够抓住客户的注意力。时尚潮流出现得很快，消失得也同样快，往往是由于季节的变化，但各种有影响力的名人的心血来潮对时尚的影响同样重要。阿迪达斯和耐克的衰落并不完全是市场的商品化——阿迪达斯在20世纪90年代初的衰落也归因于管理决策失误和阿迪·达斯勒儿子的去世，而耐克的衰落则归因于血汗工厂的丑闻和亚洲经济在90年代末的放缓——但导致两者衰落的一个共同因素是消费者通过新出现的数字渠道获得的品牌促销、信息和选择在激增。

幸运的是，这两个品牌都从产品定位中吸取了教训，从未停滞不前。耐克和阿迪达斯都认识到需要重新定义他们的品牌战略，转向强调体验而不是产品的模式。产品，包括鞋子和其他服装，成为形成体验和输出体验的出入口，而不再是参与和增长的动力。

⊘ 创造一个参与的社区

那么，耐克是如何做到这一点的？它是如何从产品转向体验的？耐克是通过一系列数字解决方案来实现的，这些解决方案满足了买家的终极需求：不管是什么运动或活动，都要积极参加，保持活跃，并发挥其最高水平的运动能力。耐克产品本身继续保持着时尚价值，对大多数买家来说仍起到了关键的作用，而运动的专业化又进一步加强了这种作用。

耐克打造健身体验是从创建一个个社区开始的，因为大多数人本质上是社会人，无论与他人多么友好，也会经常被社会参与和竞争所驱使。耐克很早就建立了在线业务，在1996年的亚特兰大奥运会上推出了网站Nike.com，引起了世界媒体的巨大反应。它在1999年推出了它的第一个电商网站，抓住了早期的电子商务用户，以及那些在当地零售店或商场苦苦寻找特殊产品的人。

它也是社交媒体平台的早期参与者，参与了一些首批专门讨论健身和运动话题的在线社区。耐克公司全球数字品牌和创新总监杰西·斯托拉克（Jesse Stollak）曾在2011年接受玛莎博（Mashable，美国知名新闻网站）采访，采访目的是深入了解该品牌如何在全球范围内与粉丝联系。在采访中，斯托拉克说，真正的重点是在正确的地点与消费者建立联系。"我们一开始认为这是在正确的时间向他们发布正确的信息，但我们很快就进展为关注彼此对话，让他们参与进来，而不是以传统方式使用新媒体。"

斯托拉克继续解释说，耐克对社会和网络社区的首次尝试是在2004年，当时耐克与媒体公司高客公司（Gawker）合作推出"速度的艺术"，这是一系列基于速度的短片，旨在激励和鼓舞消费者。2006年耐克与谷歌合作扩大了这一试验，当时耐克推出了卓歌（Joga）活动并将其扩展到网络社区。Joga在葡萄牙语中的意思是"游戏"，与同年在德国举行的国际足联世界杯同时推出，旨在着眼于围绕全球足球比赛的兴奋点和它所引发的情感。这在当时是令人难以置信的前瞻性思考；它允许用户创建自己的个人资料，挑选自己喜欢的球员，选择球队和球场，发布自己的照片和视频，并与其他人组成全球社交网络，分享、争论和庆祝足球的灵魂内容。

这一策略的精妙之处在于，它绝没有关注或强调耐克的产品，这将使产品重新回到商品化的领域。相反，它以对足球运动的激情为基础建立与消费者的情感联系，并通过允许每个人在一个以兴趣和兴奋集结的新兴平台上，与世界各地认识和不认识的人分享他们的激情，来加深这种情感联系。体验超越了产品，通过这种体验自然而然地引发了客户对品牌及其产品的忠诚度。更为巧妙的是，最初活动推出时采用邀请制，这创造了一种排他性的感觉。

这是种草营销或赢得的数字营销（earned digital marketing，是指借助其他力量获得的营销效果）力量的最早例子之一，因为每个人向他的朋友和家人宣传Joga.com，鼓励其他人注册并参与由耐克支持的品牌社区，这实际上成了最早的在线社交媒体网络之一，吸引了超过100万的在线参与者，当时聚友网刚刚获得关注，脸书也仅限于大学生。耐克公司通过互动内容、实时更新的体育新闻以及对健身和运动的启发性想法，使用户们保持参与，从而以传统广告无法实现的方式与品牌建立了进一步的联系。

耐克继续扩大Joga的概念，推动赏心悦目的比赛和精彩的足球，同时赞助当地的青少年锦标赛。根据耐克自己在2006年的新闻稿，这些比赛吸引了来自40多个国家和地区的300万名球员。此外，它并没有就此止步，而是继续推进新的体验，利用当时另一个创新和新颖的平台——油管。对像耐克这样希望激发活动和行动的品牌来说，视频是一个完美的媒介，而耐克很快就在历史上首批油管品牌频道上发布了鼓舞人心的内容。事实上，耐克公司拥有在油管上第一个发布视频获得100万次浏览量的殊荣，该视频是巴西足球明星罗纳尔迪尼奥（Ronaldinho）穿着耐克球鞋完成的横梁挑战。后来的网站表明，该视频实际上是经过合成的，虽然视频是假的，但影响是实实在在的，耐克粉丝的社区也得到了扩大。

鉴于这是一个耐克品牌推广的视频，可以说这代表了传统的广告方式，但有一个关键的区别就是这个策略的本质。现在所创造的内容是个人自愿访问和积极关注的，而不是回避拒绝的内容，这是品牌体验与产品之间的一个关键区别。回想一下，罗纳尔迪尼奥的视频和油管的品牌频道是在人们使用硬盘数字录像机（TiVo）和数字视频录制（Digital Video Recording, DVR）的时代创造的，允许消费者在观看活动节目时快进浏览品牌广告。在一个消费者想避免广告干扰的时期，耐克公司吸引人们参与其广告体验，并在此过程中建立兴奋点。耐克积极地利用新的数字体验，包括在美国的脸书、中国的QQ、南非的米克斯特（Mixt）和俄罗斯的VK网（VKontakte）上建立社区。它超越了足球，为不同的运动和活动创建了专门的社区，进一步扩大了它的影响力和参与度。这一策略的效果远远超出了他们最初的预期，到2011年9月，耐克在其社交社区中拥有超过5000万人的忠实粉丝。所有这些人都在积极主动地与品牌互动，分享他们的想法、成绩和问题，而与此同时，人们正对传统渠道上的传统品牌信息感到厌烦和逐渐远离。

耐克通过推出耐克+（Nike Plus）将体验式参与的理念提升到了一个更高的层次，该产品于2006年开始在定制的iPod设备上使用，2010年在iPhone和安卓设备上推出时获得了巨大的成功。这种创新的应用体验使用了早期的可穿戴技术（如手环或嵌入鞋底的设备），以及苹果和安卓设备上的新兴技术（手机上的GPS或Nike+ iPod Touch上的感应器）来追踪基本的健身信息（旅行距离、速度和消耗的热量）。它很快成为一种社群式的体验，因为耐克提供了将设备数据与网站同步的能力，这本身就鼓励个人更频繁地参与。更有效的是论坛的引入，它允许用户发布他们的运动成绩，相互挑战健身纪录，并向其他运动员提问。这种被称为游戏化的参与形式，使人们在数字化转型时代的高峰期，既保持了对品牌的激励和参与，又同样融合了他们与数字平台互动的愿望。说实话这并不完美，当应用程序的性能没有达到预期，没有提供人们所要求的安全和隐私水平，没有以用户群体所期望的速度推出新功能时，耐克遭受了负面影响，但总体而言，这是一种积极的体验。人们继续"只管去做"，而耐克产品在这个产品商品化的时代保持了它的知名度和忠实的追随者。

耐克继续增加功能，如帮助用户聘请在线教练训练马拉松，或只是找到一个志同道合的运动员社区，在锻炼计划的低迷期保持动力和参与。人们会通过耐克论坛在网上相遇，然后在健身房见面，知道彼此有共同的兴趣和激情，而这种兴趣和激情超越了耐克。正如安东尼斯·科切拉斯在谈话中告诉我的那样，"耐克的生态系统没有满足我的购买需求，但他们确实满足了我追随品牌的需求。一旦你接受了一个品牌，你就会购买这个品牌的产品。"在2000年到2010年，耐克的产品理所应当是这样的情况。

随着数字化转型时代的演进，社交型社区变得有些陈旧，耐克继续发展和调整以应对，成为一个真正的品牌先锋，也是不断评估和改进的榜样。耐克公司认识到，随着数字化转型的浪潮开始上升，消费者正重新渴望实体体验，但这是被数字化赋能和整合过的实体体验。基于这一认识，2016年11月，耐克在纽约的苏活区（Soho，South of Houston）开设了旗舰体验店，再次引起了轰动。正如耐克公司自己所说的那样，"苏活区耐克"——一个5层楼、多种运动项目、55 000平方英尺（1平方英尺约为0.093平方米）的零售体验店——旨在提供耐克最好的个性化服务，从独家试用空间到产品定制，在耐克的数字平台和实体平台之间实现无缝衔接。突然间，耐克的粉丝们可以在店内的篮球地板上，在数字平台上尝试那些首发的新设计，他们会在那里与耐克员工进行半场比赛。跑步者可以在跑步机上测试新鞋，同时欣赏落地互动屏幕上显示的法国乡村风光。最后，不能忘记的是，耐克+足球试验区提供了人造草坪，消费者有机会在真实环境中尝试各种耐克足球鞋。

耐克体验店推崇体验的理念并延伸出去,远远超出了简单的试用。员工成为"店内认证的试用运动员",可以帮助解释产品的特点和好处,同时提供一个实际的比较环境,让他们自己测试产品。篮球场包括高清落地屏幕和来自纽约华盛顿高地和布鲁克林桥公园的模拟声音,这样消费者就可以感觉到他们是在一个实际的操场环境中使用鞋子,与一些出色的街头篮球高手比赛。这是一个完全不同层次的全渠道体验,耐克的体验店成为纽约市游客和当地人必去的地方。因此,耐克品牌的追随者和忠诚度持续增长,耐克的收入也持续增加。

🌀 转向获得市场份额

与耐克相比,阿迪达斯在数字化转型方面采取了略微温和的策略。其追求产品创新和扩张的路线,在1997年收购了具有竞争力的公司,包括萨洛蒙(Salomon)集团(拥有Salomon、Taylor Made、Mavic和Bonfire等众多品牌),在2006年收购了锐步。阿迪达斯的核心团队也不甘示弱,推出了很多新的产品功能,如2002年的清凉透气功能和2004年的长距离跑步功能。它推出的口号是"一切皆有可能",并利用品牌大使大卫·贝克汉姆(David

Beckham）来强调人生重要的是需要设定和努力实现自己的目标。它在2006年引入了发泡减震（Boost）技术，并专注于最基本的销售高质量的鞋子，通过客户的购买和使用环节来诠释鞋的体验。它在1997年推出了自己的网站，比耐克的网站晚了几个月，但与耐克不同，它没有以同样的方式将数字体验作为增长的根基。它专注于产品结构和工艺以及运动员代言。

阿迪达斯从2015年开始公开宣传数字化战略，此举当时对市场份额产生了明显的影响，尤其是在美国。在美国，耐克享有21.1%的市场份额，而阿迪达斯只有4.7%。当然部分原因是因为耐克为本土品牌，而在2017年两个竞争品牌在西欧市场的份额更加趋近（耐克10.2%，阿迪达斯7.8%），但耐克在阿迪达斯的后院获胜的事实无疑证明了数字化转型对品牌的影响。在阿迪达斯于2015年采用数字化战略并开始更积极地投资于数字和社交媒体营销后，阿迪达斯开始更快速地增长（据报道，其2017年运动鞋的同比增长超过17.6%，而同年耐克的增长率只有6.8%），但公平地说，当时耐克的总收入比阿迪达斯多60%，这使得这个位于波特兰的品牌更难实现同样的增长百分比。

在阿迪达斯积极推进数字化技术之前的几年里，一直宣传运动员，并将产品与运动员联系起来，重点关注客户想复制运动员表现的愿景和欲望。这是一个执行良好的、成熟的品牌战略，但它根植于过去。直到2017年，当阿迪达斯真正开始拥抱数字营销

和数字体验的基本面时，阿迪达斯在市场份额和客户忠诚度方面
落后了，尽管依据笔者的拙见和行业内许多专家的看法，阿迪达
斯的产品质量和设计创新水平与同期的耐克相当。虽然二者没有
明显的产品差异，但耐克在满足客户的需求方面速度更快，更加
积极地投身到数字体验和数字对话的磨砺之中。

耐克作为一个品牌在数字化转型期间为保持举足轻重和成功
而采取了许多创新点，而阿迪达斯在开始拥抱数字化时抓住了加
速的品牌采纳曲线，对这些案例的反思和学习是非常有帮助的，
但这都是回顾过去。过去对于理解未来的机会至关重要，但它本
身并不是通往未来的道路。所以，让我们聚焦于在当前的后数字
化转型时代，我们可以从中获得什么和学习什么。其中大部分可
以从这些经验教训中学习，以及从耐克和阿迪达斯为争夺未来市
场份额而采取的关键步骤中提炼出来。

⤴ 数字个性化和实体个性化的融合

耐克公司继续通过对耐克+应用程序的投资来推广运动和整体
健康体验，这进一步巩固了品牌的地位。正如安东尼斯·科切拉
斯提醒我的那样，"客户只有接受了品牌，才会购买这个品牌的
产品"。耐克+不仅让运动员能追踪训练记录，还能激励运动员进

行训练，它现在提供了更大的参与度和价值，这本身就创造了一种健康体验。该应用生态系统鼓励人们学习、调查和探索能改善他们在足球、高尔夫球、跑步等一系列运动中的体能和表现的方法。它提供基于生物识别数据的定制锻炼，为个人打造终极定制方案。它帮助个人跨越停滞期，达到更高的目标。最重要的是，在后数字化转型时代，它鼓励数字化以外的参与，为其众多品牌门店带来流量，包括耐克奥特莱斯（Nike Outlets）、耐克社区概念店（Nike Live）、耐克品牌体验店（Nike Rise），或者——在其最大的市场纽约、巴黎和上海——耐克创新中心。每些门店都是在销售体验而非销售产品。

耐克社区概念店是一种以社区为中心的门店类型，在社区内创造出一种亲密感和参与感，并促进人们的社区归属和联系，满足关键的情感和社交需求。随着社会向数字化发展，人们被过度诱导埋头于移动设备、社交媒体和流媒体内容中，大多数人——恕我直言，极端内向的人——对人际交往的需求在增加。在一天结束时，我们需要彼此，我们需要实时互动和真实存在。数字化虽然有很多创新也让我们受益良多，但它只触发了人的两种感官——视觉和听觉——而人类通常更需要使用所有五种感官来参与其中。把我们带回到实体体验中可以实现这一点，耐克+应用程序鼓励人们通过他们附近的耐克社区概念店与该品牌进行更深入的接触。

门店反映了其所在的社区特征，如位于洛杉矶梅尔罗斯（Melrose）社区的旗舰店。不同的社区有不同的需求，不同的激情，不同的活动，甚至有时还有不同的词汇，与今天的后数字化转型的消费者建立情感联系，需要在实体店中建立这种亲密的联系，因为今天的消费者已经习惯于通过数字化渠道进行亲密的个性化。实际上，今天的体验是一个完整的循环，而耐克社区概念店是对这一需求的一个有效回应。

耐克品牌体验店类似于耐克社区概念店，但规模更大。这种形式首先在中国广州开业，它在韩国首尔开设了巅峰店。与耐克社区概念店一样，品牌体验店的概念也是聚焦在当地市场，但范围是一个城市而不是一个社区。此外，它比社区概念店更加以数据为导向，通过研究客户在地理范围内的在线和店内的参与模式，耐克品牌体验店可以更好地预测什么能满足个人的需求。据2021年耐克直销部副总裁丹尼尔·海夫（Daniel Heaf）所说，耐克品牌体验店与每个客户建立了一种个人联系，目标是将客户与他们的社区和城市联系起来，利用家乡的市民价格和身份，在许多个人身上唤起强烈的情感联系。

耐克公司计划利用这些数据为当地居民量身定制体验。例如，耐克品牌体验店有一个活动专区（Huddle），购物者可以报名参加各种活动，包括与专家进行健康讨论、参加当地的跑步活动或在店内举办的健身课程等。为了进一步将生活方式和健身融入其中，耐克品牌体验店出售营养品和补水产品，用于锻炼前或锻炼后的能量补充。最后，其在活动专区安装了一个讲座室，以举办虚拟和现场培训课程和活动。实际上，耐克品牌体验店是一个健身房，一个培训场所，一个社交聚集地，一个营养中心，以及在需要时是一个服装店。这些产品几乎不被注意，他们被体验本身所掩盖。

这个概念并不是耐克公司独有的商店概念。露露乐蒙（Lululemon）开设了"体验式大卖场"，迪克（Dick's）一直在探索扩大其旗舰店的形式，安装攀岩墙、草皮场、击球笼，并提供与健康专家的个人预约。同时，零售商正在将更多的体验式产品纳入其整个门店网络，以满足现代运动消费者不断变化的期望。这种以体验为主导的数字化战略的转变正在为所有品牌带来红利。

阿迪达斯也在走类似的道路，开设了新的阿迪达斯品牌实体店，并提供独特的个性化体验，但阿迪达斯更注重产品设计和制造过程中的定制与数字和实体融合的价值。正如安东尼斯·科切拉斯向我解释的那样，"阿迪达斯认识到购买体验是有阶段的，即客户旅程中的不同步骤，阿迪达斯巧妙地在消费者购买后才解锁某些体验，这创造了对品牌的最初承诺"。这并不是放弃了强调体验而不是产品的想法；它只是激发了获得体验的承诺。一旦个人加入阿迪达斯大家庭，购买了一款产品，他就可以使用产品定制工具，从而实现协作并获得品牌的独特感。

安东尼斯继续解释说，这种方法增强了体验本身的价值，因为它创造了一种排他性的感觉，这是一个关键的情感触发点，类似于忠诚计划如何为精英阶层提供特定级别的好处。某些客户不仅获得了这种协作机会，同样获得了为自己创造独特产品的机会，以反映他们的个性、风格和个人创造力。此外，阿迪达斯保留了在未来产品中采用这些想法的权利，为客户创造一种自豪感和与品牌的无与伦比的连接感。阿迪达斯将这些协作扩展到知名人士，包括法瑞尔·威廉姆斯（Pharrell Williams）、坎耶·维斯特（Kanye West）和乐高（Lego），在过去的半个世纪里都有过协作。安东尼斯强调说，当消费者通过协作并在更深的情感层面与阿迪达斯进一步接触时，阿迪达斯继续根据个人的实体体验修改数字体验，将数字和实体体验融合在一起。它允许个人根据他的个人需求和个人行动来塑造品牌。阿迪达斯也在对新兴的非同质化代币，即NFT进行早期投资，这将允许消费者创建虚拟的鞋子设计，可以在元宇宙中使用。这将在第十章"展望未来"中讨论，并将为不熟悉该术语的人提供关于NFT和元空间的背景知识。

耐克在品牌体验店和创新中心采用了类似的个性化策略。通过耐克+生态系统，客户可以报名参加一对一的造型预约和研讨会，这些活动可以在店内进行，也可以在网上进行。这些会议专注于五个支柱：运动、正念、营养、睡眠和恢复。据耐克公司的海夫说，造型预约可以提供指导和建议，根据客户的活动情况和目标，建议使用哪种耐克产品的组合，从短裤到跑步服到训练器，将最好地满足客户的需要。对于具有时尚意识的人，耐克造型师将提供建议，以打造代表城市的最新街头服装造型。这是个性化的极致，将个人与他的环境中的品牌联系起来。

耐克和阿迪达斯一样，最近也对非同质化代币和元宇宙设计能力进行了投资，这在第十章也有讨论。

耐克品牌体验店，就像体验中心一样，是一个实体和数字成分的流动组合，旨在吸引和取悦客户，同时满足客户已知的和未被满足的需求。像线上购买线下提货（BOPIS，Buy Online, Pickup In Store）的数字产品预订服务和数字退货等标准功能已经存在了几年，这也是数字化转型时代的筹码。

客户必须加入耐克+会员计划，才能使用这些功能以及获得门店的个性化产品服务，这是门店许多一对一服务自然而然的结果。海夫在数字崛起（Digital Rise，美国网络媒体）的一篇文章中解释说，这并不是一项要求，但它确实会极大地增强体验。与阿迪达斯的风格相似，耐克正在通过客户参与来建立忠诚度，但它的激励方法是不同的。它正在通过他们的数字应用和会员计划来释放体验能力。

耐克，像阿迪达斯一样，认识到数字与实体的融合正在将个性化能力推到另一个层次。在耐克品牌体验店里，耐克在鞋子里嵌入了射频识别（Radio Frequency Identification, RFID）标签，当鞋子被放在一个具有射频识别功能的信息比较台上时，客户会看到所选鞋子和其他有类似设计的产品的细节。它还允许消费者自行设计或与韩国知名设计师崔在勋（Jaehoon Choi）合作设计自己的服装，如T恤衫。

耐克甚至还在改善首尔第一家品牌体验门店的实体环境，安置了几个可以对动作做出反应的大型LED屏幕，以吸引客户进入。然而，首尔店的核心是城市唯一一块中央中庭屏幕，被称为"运动之脉"（Sport Pulse）。据数字崛起报道，耐克已经开发了一个平台，收集首尔的数据，以生成当地的故事和体验。这些数据是从"耐克+"这样的耐克掌握的交易和活动应用程序、当地的预测以及团队和个人运动员那里收集来的。同样，其效果是定制一种个人在特定场景中的独特体验，创造一种更深的联系，以转化为更牢固的情感纽带。

根据数字崛起的报道，海夫将其称为门店专属的操作系统，但它也反映了耐克在试图大规模推广的事情：使用数据来推动个性化，并建立门店概念和应用程序的生态系统。而且，也许更重要的是，让全世界的耐克客户感到这个零售巨头真正了解他们，了解他们所在的具体城市。

海夫在数字崛起的文章中继续解释说，耐克选择在首尔开设第一家品牌体验门店，是因为首尔是数字连接最多的市场之一，反映了整个亚洲的趋势。然而，这一趋势正在迅速渗透到全球，特别是在年轻一代。耐克和所有品牌都需要在所有地区和在所有人群中采取这种策略，以便继续获得客户的关注、承诺，并最终获得客户的忠诚度。无论哪个行业，这个完整的循环都将完成，客户将期望一个品牌在最方便的时间点将数字和实体融合在一起，以满足个人的需求。金融服务品牌、酒店品牌、制造业品牌，所有行业都需要接受这一战略，以保持其客户群的关注和承诺。

客户联系、个性化和全渠道战略

那么，我们从耐克和阿迪达斯的故事中可以学到哪些关键的经验呢？有三个经验，且这三个经验适用于所有希望增加销售额、参与和销售量的品牌体验设计。

第一，关键是要了解谁是客户，什么对客户重要。虽然这是一个可以从星巴克的故事中得到的教训，但它在耐克和阿迪达斯的故事中更为具体和直接。当体验同时针对需求和情感触发点时，对客户和他们在旅程中进展的影响就会大大加快。耐克和阿迪达斯在早期就做到了这一点，在一开始就与特定的运动项目和高知名度的运动员绑定在一起，无论运动项目还是运动员，都有特定的参与者和粉丝，而且在大多数情况下，这些人对于什么是重要的、什么能激励他们，都有共同的看法。随着这两个品牌在数字化时代的成熟，他们开始创建社区，如耐克的Joga，这使公司和客户之间有了直接的沟通渠道，并开始了影响未来产品设计的对话。结合改进的数据和分析，耐克和阿迪达斯都能够进行市场测试，以更好地了解客户，并直接询问客户什么对他们最重要。

如果你的品牌没有与你的客户通过社区、社交媒体平台、调查和数据建立类似的联系渠道，那么尽快与客户接触是至关重要的。在现代社会中，客户正在远离品牌，并且较少受到品牌信息的影响，这意味着打动和吸引早期客户的机会减少了，而且推动客户进入参与和忠诚阶段的机会也有限。每一次互动都必须满足情感需求，而如果没有一个可测量、系统的洞察收集方法，就很难甚至不可能了解这些需求。

第二，个性化是关键，因为它创造了一种情感联系，远远超越了产品本身产生的情感。这远远超过了简单地识别客户是谁，以及当客户在一个渠道中确认身份时，呈现出他们的名字、偏好和历史。在对客户逐渐理解的过程中，要关注与每一个客户交谈的机会，并在每次交谈中去创造体验。阿迪达斯专注于允许客户表达其独特身份的平台——定制工具和推荐工具——而耐克则建立了将客户与他们的环境、城市和邻居联系起来的体验。耐克和阿迪达斯都允许用户通过让自己的朋友和社区成员参与社会竞争、追踪锻炼、举办友谊赛以及鼓励他人取得成功，来朝着个人目标前进。这些应用是完全灵活的，允许客户定制他们的体验，并在耐克和阿迪达斯的体验中找到自己的价值，这将为品牌带来更深刻的忠诚度。品牌有多个机会来创造激发情感的个性化，应该优先找到每个品牌特有的机会。

第三，不是孤立地利用数字和数据，而是作为整合全渠道战略的一部分。数字化应该增强和补充实体体验，而不是取代它。虽然数字渠道可以独立存在——我可以订购产品、完成交易、回答问询——但客户不应该局限于数字渠道，或者认为数字渠道是独立于实体渠道的。重要的是要认识到，本章所讲的经验不仅是采用"加速全渠道"的体验策略，也不仅是扩展和加强数字化时代开始时先采用的那些老方法。相反，正如耐克和阿迪达斯前面的例子所反映的那样，以及包括优步（Uber）、爱彼迎（Airbnb）等其他具有前瞻性的品牌所反映的那样，关键在于数字化体验是如此的无缝和深度整合，以至于让人毫无察觉。正如安东尼斯·科切拉斯对我说的妙语："鱼不知道水，人类也不知道数字。两者都只是存在而已，只有当他们缺席的时候我们才会注意到他们。"这种期望已经超出了预期的极限，没有它，品牌注定会失败。数字化不再是差异化因素，正如安东尼斯告诉我的，"谈论数字化简直是愚蠢的"。利用数字来区分你的品牌体验，同时通过提前预测个人的即时需求并为其服务来增加价值。这就是下一章的主题。

第六章

时间是新货币——预知而不侵扰

许多著名语录都出于本杰明·富兰克林（Ben Jamin Franklin）之口，他通常被认为是第一个说"时间就是金钱"的人。尽管我坦率地承认在准备写这本书之前，我从未读过富兰克林的《给年轻商人的忠告》，但我在那篇文章中发现了这句话。具体讲富兰克林是这样写的："……记住，时间就是金钱。一个每天可以通过劳动赚取10先令的人，如果他外出或者每天有一半时间无所事事，尽管他在消遣或无所事事期间只花了6便士，也不应该认为这是唯一的开支，他实际上已经花掉了或者说扔掉了5先令……"

富兰克林在提醒这位不知名的商人，不工作的时间就是不赚钱的时间。这是一个很好的建议，因为它强调了努力工作、专注和产出的重要性。许多资料显示，这句话实际上可以追溯到希腊哲学家的时代，但这句话的本质是真实的，无论我们谈论的是公元前4世纪亚里士多德的时代，18世纪富兰克林的时代，还是21世纪的现代千禧年。然而，像所有伟大的概念和哲学一样，这个想法已经演变和蜕变，以适应今天的现实。今天，重点不在于花时间工作，而是在于更有效地利用时间。我把这称为压缩时间。

↩ 压缩时间

数字化的出现引入了一个新的概念，这个概念已经深入人心，并成了一项关键的价值观——压缩时间的概念。作为现代社会的一员，我们经常谈论一天中的时间如何不够用，我们如何没有时间进行想要的活动，我们如何没有时间思考。创新的主要驱动力一直是如何更有效率，如何找时间做更多的事情，并最终在相同的时间内产生更多的产出。今天我们已经熟视无睹的产品——电话、汽车、洗衣机、微波炉、传真机——都是创新的例子，这些创新旨在通过更快、更省力地完成任务，把时间还给个人。可以将市场定位于方便，但方便主要取决于时间。

每个数字化工具都被设计成以某种形式压缩时间，即使这不是主要的价值主张。当谷歌首次推出时，它节省了搜索网站的时间。当然，它打通了对那些本来找不到的网站的访问，但更快的识别和访问是网络搜索的一个关键命题。即使在今天，谷歌仍在自豪地显示完成搜索所需的时间——当我刚才搜索"谁先说时间是新货币"时，谷歌搜索结果的顶部显示了"大约774 000 000个结果（0.63秒）"。这当然比开车到当地图书馆，找到百科全书，查询这个短语，发现这个短语不在百科全书中，然后沮丧地开车回家，结果打开浏览器，最终在谷歌上找到答案要快得多。

顺便说一句，我很可能会发现《大英百科全书》的最后一个版本是在2010年印刷的，很可能是在这句话首次出现之前，所以我注定无法在《大英百科全书》查询到这句话。

回到主题，我仍然不知道是谁首先写出了"时间是新货币"这句话，因为尽管谷歌返回了7.74亿个结果，我依然没有找到这个问题的答案。不要误会我的意思；有很多出版物和帖子都在使用这句话。只是没有像"时间就是金钱"被归于本杰明·富兰克林那样有一个单一来源（同时也向苏格拉底、柏拉图和亚里士多德致敬）。我喜欢这句话，并将其融入我与客户的日常讨论中，因为它是解释当今世界便利和加速价值的一种精辟方式。消费者和公司客户都会为赢得时间而支付溢价，无论这种溢价的表现形式是通过硬通货还是对品牌的忠诚度。

如前所述，在互联网时代，时间压缩的第一个例子肯定是网络搜索。撇开雅虎最初的目录不谈，在20世纪90年代中期输入一个短语并由系统返回相关搜索结果的能力是变革性的，而且今天仍然是变革性的。谷歌的母公司——字母表，在这个基础上建立了历史上最大的公司之一，虽然其产品已经大大多样化，但作为基本业务的搜索以及它产生的广告收入，仍然是收入和增长的主要来源。

网站设计同样侧重于简单和直观的设计原则，找到简化导航的方法，引导每个人尽可能快速有效地找到信息、交易功能和其他功能。21世纪初出现了一门新的学科，数字信息架构，它专门研究压缩时间的艺术和科学。这些专家研究了组织菜单和内容的技术，这些技术符合个体的自然思维，使人们能够更快地找到他们要找的东西。效率和速度成为早期网站的衡量标准。已有研究表明，如果一个网站不直观，不能快速浏览，访问者会很快放弃它，找到另一个网站。人们意识到，竞争突然间就发生在点击之间，在线压缩时间的竞赛达到了全速状态。

这很快导致了搜索功能应用的演变。数字设计师和架构师们认识到，搜索可以像谷歌或维基百科那样广泛，但它同样可以像在网站上搜索单词或在移动应用上搜索内容那样具体。现在，任何有效的数字化体验都提供了强大的搜索功能，无论这种体验是通过浏览器、本地应用程序、手势还是个人的语音访问。此外，设计良好的数字化体验不再仅仅呈现静态菜单，他们现在会使用被称为自然语言处理的技术询问："今天我能为您提供什么帮助？"这节省了解释和评估菜单的时间，而是将每个人立即导向所需的功能或信息，这几秒钟的宝贵时间对人们的感觉有很大的不同。

除了搜索，基于个性化引擎的预测体验的思路迅速在所有的数字化体验中得到了推广。如果体验能够识别出个人是谁，并能够呈现与他的需求、愿望和历史相关的内容和功能，那么在当前询问上花费的时间就会缩短。随着数据和分析技术的不断发展，如今在现代人工智能（Artificial Intelligence，AI）和机器学习

（Machine Learning，ML）工具的支持下，创建个性化和有预测性的网站体验的能力不断提高，现代数字化体验比20年前设计的数字化体验更加高效。

然而，与许多改进一样，这种改进也是有代价的，那就是隐私顾虑和隐私法规的增加。正如在第二章"数字化的曙光"中所讨论的，个性化和广告定位的进步最终反作用于公司和品牌，因为人们侵扰的看法占了上风，政府现在已经通过监管法规，限制哪些数据可以被捕获和共享，以及这些数据可以存储在哪里。围绕着"cookie之死"已经有很多媒体报道。这是一项由浏览器技术公司主导的阻止第三方追踪的倡议，主要国家已经要求网站公布其追踪政策。个人要求匿名，匿名的作用与压缩时间的想法相反，因为匿名体验的效率要低得多。所有这些都迫使体验团队改变他们的设计范式，通常鼓励游客立即进行身份验证，并允许他们访问自己的历史数据。一旦通过验证，品牌就有了更多的机会，并与客户达成隐含的协议，收集客户相关的和增值的信息，以实现个性化和有预测性的体验。随着这种身份验证过程本身变得更快、更容易，通过面部、语音和触摸的身份识别，身份验证的价值将再次回归时间的价值。

在过去的20年里，前面讲述过的所有概念都影响了在线商务的演变，并且是推动在线商务指数级增长的燃料。消费者不再需要为一个特定的产品进行搜寻，这个想法在20世纪90年代首次提出时是革命性的。在早期，它具有新颖性——有助于品牌的差异化，我们将在第七章"找到满足市场需求的新方法"中进行探讨——但更多的是一个时间压缩的优势。在电子商务之前，寻找一个特定的产品，无论是一件衣服、一个流行的礼物创意，还是我的汽车的替换零件，都需要我翻开黄页，拿起电话，给一家又一家的商店打电话，寻找它的库存。这样做的前提是，我在商店营业时间内进行搜索，这本身就是一种限制。然后，我需要开车到商店，找到产品被存放的地方或货架，购买产品，然后开车回家。这时，我可能会发现我买错了产品——错误的尺寸、错误的颜色、错误的配置——然后我需要重新开始旅程。当我们反思这段历史时，这听起来真是太原始了。如果不出意外的话，这绝对是低效的。随着商业的发展，无论是购买实物产品、订阅服务，还是出于特定目的的参与，现在已经成为一种完全自动化的无缝体验，透明、主动通知、预先处理和基于位置的决策等功能元素都有助于缩短时间，使客户受益。

话虽如此，我们并不想只关注数字化。世界和客户继续通过一系列渠道进行互动，因此，虽然前面对创新的历史回顾完全集中在数字化革命上，但这并不意味着影响仅仅发生在数字化渠道。恰恰相反，在实际接触过程中，无论是亲自到店，还是在电话中，都有大量的机会来压缩时间。数字化的数据、洞察力和自动化功能掌握在员工、合作伙伴或客户自己手中，可以提高效率并缩短实际互动的时间。可以把智能手机、平板计算机或计算机这些工具放到员工手中，以提供数据、洞察力、交易功能和其他增值功能。在后数字化转型时代，这种实体与数字的融合正在加速，从那些在所有渠道进行投资的有远见的公司那里可以学到很多东西。

这就引出了本章值得研究的品牌：亚马逊和帕尼罗面包（Panera Bread）。两者都接受了将时间还给客户的理念，都专注于数字化转型和实体–数字多渠道优化，并且都因此获得了巨大的回报。

📨 节省时间的便利

不用说，从亚马逊的故事中可以学到不少东西，包括在后数字化转型时代推动品牌前进时可以采用的技巧。亚马逊无可争议地是商业史上最成功的增长案例。事实上，亚马逊可以作为本书理论应用的一个例子，展示了企业接受了本书讲到的每一条建议，并通过这些建议实现了在全球范围内扩张、获得了全球市场的忠诚度，以及在每个可测量维度上的指数级增长。

有趣的是，亚马逊的品牌并不总是电子商务的代名词。事实上，亚马逊的起点相当低。这并不是因为缺乏远见——杰夫·贝索斯（Jeff Bezos）从一开始就具有远见卓识。然而，当他在1994年买下Amazon.com域名并成立公司时，没有人相信他的网上书店会成为世界上最大的零售商之一。事实上，亚马逊甚至不是第一个在线图书零售商。根据《大英百科全书》，硅谷的一家叫计算机读写公司（Computer Literacy）的书店于1991年开始在线向其掌握新技术的客户出售库存图书。然而，亚马逊的愿景在当时是独一无二的，因为贝索斯宣称他的新公司将会把所有书运送到世界上所有地方的每个读者手中。

这是一个伟大的抱负，但它确实引出了一个问题：为什么这甚至能称为一个需求或是价值主张。需求和价值主张再次回到了时间上，至少部分如此。虽然当时常见的书目，包括那些1994年的畅销书籍，如玛丽·希金斯·克拉克（Mary Higgins Clark）或约翰·格里森姆（John Grisham）的书，可以很容易地在实体店找到，但更多不知名的文档和书目却很难找到。虽然许多书迷和书虫很享受在本地书店的书架上浏览书籍的过程，但对许多人来说，这是一个麻烦，在庞大的巴诺书店（Barnes & Nobles Bookstore）或博德斯书店（Borders Bookstore）中寻找特定作者的特定书目所需的操作是一件痛苦的差事。

从一开始，贝索斯就认识到便利的重要性和时间压缩的关键性。在1997年给股东的一封信中，杰夫·贝索斯说："今天，在线商务为客户节省了金钱和宝贵的时间。明天，通过个性化，在线商务的配送过程将被加速。"鉴于根据引文他是在谷歌进入商业化的一年前说这句话的，这表明他确实是一个真正的数字远见者，开创了时代的先河。

亚马逊网站早期屏幕的截图能显示出公司强调向个人发通知的价值。为什么非让客户不得不经常登录计算机来确认新书是否已经发布或新的产品是否有货，而不是让网店替你完成这些事？亚马逊网站也是最早将产品搜索引入主页的网站之一，这样你只需要输入一个标题或作者，就会得到一个简短的选项清单，其中可能包括你正在寻找的东西。这在当时是革命性的技术。这些早期的便利措施显然有助于实现贝索斯在20世纪90年代提出的"快速做大"的战略。根据《大英百科全书》记载，"Amazon.com确实发展迅速，在其运营的第一个完整年度后，到1996年12月达到18万个客户账户。不到一年后，即1997年10月，就拥有了100万个客户账户。它的收入从1996年的1570万美元跃升到1997年的1.48亿美元，随后在1998年达到6.1亿美元，Amazon.com的成功推动其创始人成为《时代》杂志1999年的年度人物"。

贝索斯的视野远远超出了书籍的内容，在早期，他仍然立足于方便和节省时间的理念。亚马逊在1996年推出了其联营计划，也就是我们今天所说的在线平台，允许其他零售商在亚马逊网站上推销和销售其产品，通过将亚马逊打造成一个在线超级市场来提高便利程度，这个做法类似于在过去几十年里将沃尔玛

（Walmart）、塔吉特（Target）等大型实体零售商以及郊区多店购物中心推到主导地位的做法。这个策略马上取得了成功，到1998年，超过35万个零售商已经签署了联营计划。就像在实体模式中客户可以一站式找到多种产品一样，亚马逊的联营计划允许人们搜索一个网址，就能找到书籍以外的多种产品。起初是音乐和视频，亚马逊可以以CD/DVD的形式送到客户家里，最后是发展为全系列的产品。

亚马逊坚持不懈地专注于节省时间和引入便利性。1999年，它引入了一键购买的理念，允许客户输入并保存它的运输和支付信息，以便将来购买时使用。这一点，加上在用户创建账户时收集的账户数据，使亚马逊开始收集浏览和购买习惯，并利用这些数据创造一个更个性化、更方便、更精简的购物体验。它为其他所有的商业体验设定了标准，并通过压缩时间使其品牌与众不同。

数据驱动的创新

数据成为亚马逊下一阶段数字化发展的基础，这改变了客户参与和体验的总体方式。亚马逊在数字化转型时代的早期就认识到了客户数据在开发个性化体验方面的重要性，这将使消费者受益。如果网站能在人到达网站之前就预测出客户在寻找什么，那么体验的质量就会好很多。正如利亚·雷塔（Leah Retta）在她那本富有洞察力的电子书《亚马逊：个性化巨人的纪事》（*AMAZON: The Chronicles of a Personalization Giant*）中指出，"对购物者的独特需求和决策过程之间的相关性的预见和理解，后来成为我们现在都知道并且常提及的客户体验的关键。这是一个新的竞争战场，品牌希望与那些拥有比以往更多选择的客户建立有意义的关系，亚马逊已经实现了玩家在这场个性化竞赛中所希望的目标——有能力为特定用户创造量身定制的在线体验，不仅反映客户的偏好，还能预测他们的需求。"

就本章要讲述的经验而言，这里的关键概念是"预测"。使用数据来描述行为，反过来，使用这种洞察力来将交互界面个性化，以满足客户预期的需求，使他们能够更快地完成交易，将他们计划购买的东西与无计划但有可能购买的东西结合起来。这种推荐引擎于2001年获得专利，并于2003年推出，它是便利性的极致，能有效地将产品放在虚拟货架上，而不是强迫消费者手动搜索每件产品。

即使这是推荐引擎最早的形式，其优雅性已令人印象深刻。亚马逊在生成推荐时使用了几个元素，从最近的购买行为（对于已知的客户），到浏览器的地理位置，再到其他客户在购买了当前正在查看的产品后的购买行为。亚马逊比较透明地展示了其是如何生成推荐的，它很谨慎地使用词汇，在提供个性化体验的同时避免产生"令人恐怖"的感觉。虽然我们有很多角度可以探讨和解读个性化给亚马逊带来的影响，其中最重要的是增加了购物车的大小和增加了客户钱包的份额，但就本讨论而言，它也增加了便利性，这吸引了客户并将客户留在其网站上。随着时间的推移，这也增加了忠诚度。当亚马逊让购物过程变得如此简单和快速时，为什么还要在其他网站上体验笨拙的非个性化方式？每个人与亚马逊的接触越多，亚马逊就越能回应这个人的独特和具体的兴趣。每一次互动的体验都变得更容易和更快，并鼓励了新的互动。这创造了一个耀眼的客户参与周期，而亚马逊的迅速崛起仍在继续。

到2004年，亚马逊开始看起来像我们今天所知道的网站。它销售一系列产品，包括家庭用品、电子产品、服装、玩具和游戏，以及其他。最值得注意的是，它添加了A9搜索引擎，它使用关键词标签和其他技术来预测访问者正在搜索的东西，并试图展示最有可能代表搜索结果的产品。2006年，臻选（Prime）会员可享受两天送达的服务，进一步压缩了收到产品所需的实际时间，但同样重要的是，取消了必须评估不同快递公司、配送时间表和成本的步骤。突然间，购买过程又少了一两次点击。随着时间的推移，又演变成了一天的配送时间，最终在某些市场上变成了当天内配送，有时在一小时内。现在，在线体验可以使用比实体体验更少的时间来完成，这确实是革命性的，并再次创造了一个优越的体验，这让购物者选择亚马逊。

亚马逊继续推出数据驱动的创新，寻找机会用便利和时间来交换收集客户行为信息的权利。这些数据将进一步改善便利性，并成为一个快速加速的循环。亚马逊创建了一个礼物搜索器，减少了浏览时间，并根据个人和场景本身，帮助选择适合特定个人和场景的理想礼物。这是一个数据驱动的算法，随着每次互动而变得更加智能。它推出了一个产品比较的小工具，简化了购物比较选择的过程，客户就不用多次搜索来寻找和确定竞争产品。它增加了客户评论，允许客户能马上核实从产品中获得的利益和其他关注点，这增加了每个购买决策的可信度，同时使用分析方法战略性地呈现正确的评论，而不是虚假地压制潜在的负面评论。一旦客户购买了产品，亚马逊同样简化了追踪过程——直接向客户的电子邮件、电话、回声（Echo）智能音箱或移动应用程序发送更新信息。买家不需要经过跟踪包裹的步骤，甚至不需要拉出订单。相反，订单状态被发送到了个人手中。最后，亚马逊认识到在线购买会导致退货，所以它在网站和应用程序中建立了整合的退货商品授权（Return Merchandise Authorization, RMA）流程，买家［尤其是臻选会员］可以快速打印退货标签，轻松地退回不符合自己确切的期望的产品。在亚马逊上退货比在实体店退货更快、更容易，而且客户不会被迫就按支付方式原路退回还是兑换为商店可用积分而进行谈判。所有这些创新，在数据和分析的支持和改进下，压缩了浏览、探索、激发、评估、购买、跟踪和退回产品所需的时间。

亚马逊并没有停止探索现场的体验。它将同样的功能嵌入它的移动应用程序中，这样，消费者就可以在口袋中随身携带亚马逊的购物功能，而不必再写下和参考一个额外的单独清单。它推出了回声智能设备，将界面商业化，并包括一系列节省时间的功能，这些功能被整合到亚马逊购物中，例如在冰箱找东西时向厨房另一边大声发出指令。这既节省了时间，又增加了便利性，当回声设备开始检测客户使用方式，并主动将替换产品送货到家里时，这种体验得到了扩展。客户不再需要检查他们的纸巾是否少了，因为亚马逊已经可以预测他们是否需要补货。

后来，亚马逊推出了杂货配送、七天配送服务和亚马逊钥匙服务。最后一项服务可能是最创新的省时服务之一，因为它允许亚马逊的送货司机直接进入客户的家门（家门或是车库门），这样消费者就不需要为等待送货而感到不便，也不需要担心重新填写产品配送地址的问题。

也许最值得注意的是，亚马逊已经开始探索实体经营。通过收购全食超市（Whole Foods）并通过其私人品牌的亚马逊商店包括亚马逊超市（Amazon Go）、亚马逊无人便利店、亚马逊快闪主题店、亚马逊书店、亚马逊四星级卖场、亚马逊新鲜食品店，以及计划在洛杉矶开设的亚马逊品牌超市可以看出，它显然正在尝试实体和数字的组合，这将扩大客户的钱包份额，同样也将提高客户的忠诚度。它采取这些措施的时机很不巧，就在2020年新冠疫情封锁导致短期零售业灾难之前，但亚马逊有资本能够在任何环境下进行实验。这些形式中最有趣的是，他们的设计是为了方便使用。为了需求的即时满足和实现，消费者可以在应用程序上下订单，然后立即在其中一家商店取货。事实证明，这对于诸如新鲜杂货之类的主观选择商品尤其受欢迎，因为许多消费者不愿意让第三方来挑选他们的水果、蔬菜和肉类。现在这种方式也为实体购物的便利性设立了一个新的标准，其他零售商正在积极努力追赶。

亚马逊持续使用数据来提供个性化体验和预测需求的做法确实值得注意，它还建立了一个已经渗入当今几代人意识中的期望标准。如果你的品牌在网上销售产品或服务，而你还没有采用个性化和预测的基本标准，以减少完成任务所需的时间，我不想粉饰现实：你已经远远落后于时代。幸运的是，大多数品牌已经拥有了这种能力，通常是通过其现售产品和许多整合的合作伙伴关系在亚马逊平台上进行商业活动。

这种创新和对客户便利的关注产生了什么影响？最终结果不言而喻。截至2021年，亚马逊的市值为17 000万亿美元，2020年年底的收入为3860亿美元，如果按照主权国家的国内生产总值排名，亚马逊将成为2021年世界第十二大经济体。这些收入大部分可归功于产品创新，包括大受欢迎的亚马逊网络服务和扩展的亚马逊Prime服务套件，其中包括Prime视频和Prime音乐，但其核心是亚马逊基于数据驱动的、以个性化为中心的压缩时间的商业体验，推动了其收入的增长。

🔁 让快速服务更快捷

现在让我们转到一个规模稍小但同样以创新体验为中心的品牌帕尼罗面包。帕尼罗面包一直知道体验在定义品牌主张中的重要性。正如《电子零售》（*eTail*，美国网络媒体）的一篇博文所阐述的那样，帕尼罗在2010年采取了一项战略，被称为帕尼罗温暖行动（Panera Warmth）。这一战略是基于首席执行官罗恩·沙奇（Ron Shaich）的认识，即帕尼罗品牌正因午餐时间排队迫使客户在高峰期等待而受损。没有什么比要排队等待快速服务的体验更令人沮丧的了，它很快就会对品牌产生负面的影响。

对于那些不了解快餐店（Quick Service Restaurant）运营模式历史的读者来说，速度——压缩时间——的想法肯定早于数字化。由于75%的快餐店订单是在餐厅外消费的，因此长期以来企业一直关注如何改善外卖体验。这使麦当劳于1975年在亚利桑那州的一个军事基地附近推出了第一个驾车购买窗口，此后还出现了一长串的其他创新。即使在今天，虽非全部，但70%的快餐店订单都是通过开车窗口取走的。鉴于此，数字技术是提高快餐店效率的理想解决方案，但有趣的是，许多快餐店品牌在采用数字化技术方面相对缓慢。帕尼罗面包看到了一个让其品牌与众不同的机会。

2010年，当首席执行官罗恩·沙奇第一次意识到帕尼罗面包在午餐排队的长度和相关的等待时间方面存在问题时，帕尼罗开始投资于它的数字化体验和机会，以减少客户光顾它的餐厅所需的时间。他用自己的个人经验来帮助确定公司的战略。根据《财富》杂志的报道，罗恩·沙奇在接送儿子上下学时经常去帕尼罗吃早餐和午餐。鉴于他是一个忙碌的首席执行官，他经常赶不上日程，所以他会打电话给餐厅，预先订购他的餐品。沙奇会开车过来，让他的儿子拿着信用卡跑进去，跳过排队，在几分钟内把快餐带出来。"这是一个可爱的系统，但它只对首席执行官有效"，沙奇说。

认识到这个问题后，帕尼罗面包公司构建了一个新的系统，这在当时是创新的。它不完全是数字化的，实际上是数字和实体相结合的体验。客户可以通过网络或它的移动设备在线订购，就像在柜台下单一样，具有完整的点餐配置菜单的能力。客户可以使用移动设备上新兴的GPS功能，不仅可以订购午餐，还可以选择离他们当时所在地点最方便的门店来下单。该订单可以预先安排，允许客户定义他们想在什么时间取餐。这满足了让客户控制体验和时间的关键需求。这些数字化的进步，在今天已经比较普遍，但在当时是大胆的进步。其解决了沙奇的愿景，即给每个客户提供首席执行官的便利。

如前所述，新系统并不只是专注于数字化或订单安排。订单的透明度——订单状态的更新——在网上和店内都有显示。客户没有必要占用宝贵的时间来询问他们的订单何时准备好。一旦订单准备好了，它就会被放在货架上，上面有一个印有客户姓名（或昵称）的清晰标签，所以如果客户不愿意，他们甚至不需要与员工互动。此外，移动应用程序或网站可以识别订单放在了哪个货架上。这是实时便利的极致。

可以毫无保留地告诉你们，我曾无数次使用这一功能，在电话会议上抓紧时间去取餐和吃午餐。我甚至不需要把对话调到静音状态来与员工交谈；我可以直接拿起袋子跑回我的办公室。我就是这个系统所培养的忠诚的、重复购买的客户的例子。

这对帕尼罗面包来说也不是一个静态的举措。像亚马逊一样，其捕捉到利用客户数据来改善体验的机会。幸运的是，他们有机会通过他们的忠诚度计划，自愿和公开地收集丰富的客户信息。要理解这一点，重要的是要理解快餐店的客户旅程有所缩减了，通常在拿到餐品时就结束了。我很少为我的巨无霸或鸡肉卷饼开启退货商品授权程序。然而，就像所有的客户旅程一样，忠诚度仍然是一个战略目标，通常是通过激励和刚才说的便利性来驱动。帕尼罗面包遵循了其他以忠诚度为中心的伟大品牌的模式，如赛百味（Subway），提供奖励和收益以鼓励重复光顾，但也很早就认识到了忠诚度计划固有的数据收集的价值，以及利用这些数据为客户提供进一步便利的机会。这个新版本被命名为帕尼罗面包数字2.0版。

正如《财富》杂志在帕尼罗面包最初的数字2.0版发布后的文章中所述，该应用程序和支持的生态系统都是为了节省时间提供便利。利用我的帕尼罗（My Panera）奖励计划的数据，一旦客户在自助服务机上表明身份，该应用程序就会显示以前的订单和最喜欢的产品。此外，如果客户以新的方式定制了他们的订单，这一变化将被捕获并在下一次使用。客户不需要在每次访问时重新输入他们独特的订单，从而节省了时间并建立了一种数字亲密感。过去你走进最喜欢的餐厅，告诉女服务员你要吃跟以往一样的餐点，而这个新系统有效地变成了数字化的复刻版。

然而，它超越了重新订购的便利。沙奇当时解释说，帕尼罗2.0版是对客户服务和运营改进的投资。他认识到，虽然移动支付和数据驱动的个性化所带来的省时便利对帕尼罗的客户来说非常惊艳，但长期的好处是更广泛的，减少商店的等待时间，提高订单的准确性，并解决了订餐柜台周围的拥挤问题。所有这些点都

使体验与时间和便利性相一致，同时总体上推进了帕尼罗温暖计
划的品牌主张。

帕尼罗并没有因为引入数字2.0版而停止创新。它也是最早采
用数字外卖的品牌之一，在2016年，在外卖平台服务成为主导之
前就提供了这项服务。这将便利性提高到了另一个水平，而当时
外卖几乎是比萨和中餐馆的专属领域。这让商家能对客户有更多
了解，因为可以根据客户所在地理区域，以及他是在办公室还是
在家里发订单来发现规律。这是一个短暂的项目，在2018年被与
外卖平台的协议所取代，但它在扩大品牌价值和忠诚度方面表现
突出。

最后，帕尼罗将数字化体验延伸到店内，以增加门店销量，
同时仍然简化客户旅程。

数字化后的数据和忠诚度

像亚马逊一样，帕尼罗是一个不会停滞不前的组织。它已经
在为后数字化转型时代进行规划，提出了最新的"未来商店"概
念，整合了数字化和实体体验，将其优质食品的品牌主张和客户
的终极便利结合起来。正如帕尼罗面包首席品牌和概念官爱德华
多·卢斯（Eduardo Luz）在2021年对《酒店科技》（*Hospitality*

Technology）所说："创新是我们的核心，通过我们新的下一代帕尼罗概念，我们正在做我们一直在做的事情——将客人的个性化体验作为我们一切工作的核心。"这承载了帕尼罗下一代店面的所有元素，专注于使客户体验更加方便，减少每笔交易的时间，哪怕只是几秒钟。帕尼罗正在引入双车道，有专门的快速取餐车道，在车道上专门留出空间用于数字订购，并进一步实现实体和数字化的融合。它正在用非接触式堂食和送餐来加强它的数字化体验，很可能是未来的持续优先事项。这种体验将包括在店内通过移动设备进行完全的非接触式下单，以便快速取餐，或从驾车通道取餐，然后通过非接触式的准备过程，通过个人的移动设备提供通知、收据和所有其他信息。客户不必与其他人互动或接触任何东西，这正成为新冠大流行期间实体体验的一个重要组成部分。提供这种服务是为了满足客户的迫切需求，但在设计时，帕尼罗认识到时间就是货币，帕尼罗不需要对它的菜单打折来吸引客户。帕尼罗让客户更容易地下单和取餐，并对非接触式的送货服务充满信心。

帕尼罗的下一代战略也保持对数据和忠诚度的关注。正如卢斯在《酒店科技》所提到的那样，它利用餐厅的人流数据来创造一个简化客户旅程的设计，同时保持其吸引力。面包店的景观和气味是餐厅体验的重要组成部分。无论是在柜台还是通过数字端下单，订餐过程都变得简单而直观。拿取食物的位置被清楚地标示出来，并且位于一个可以舒适地集散的区域。这是一个巧妙地利用数据来改善体验的方法。它巧妙地使客户更快速地浏览餐厅，同时也帮助它更舒适地走动，创造一个更令人满意的体验。同时，它也可以被用来改善店内运营，创造便利，改善客户的体验。也就是说，帕尼罗继续使用数据来直接改善客户体验和客户便利。下一代战略包括数字化改进，进一步整合忠诚度计划的数据和功能，允许客户保存收藏夹，赚取和跟踪奖励，并根据他们的访问和购买模式，接收一对一的定制内容。

多年来，这一战略已经产生了巨大的回报。从1987年到2017年（此时帕尼罗被卖给JAB控股公司并被私有化），帕尼罗面包是餐饮业中表现最好的股票。它成功地应对了新冠大流行，在该行业最困难的时期保持了自己的品牌形象和收入，在过去20年的许多转变和挑战中，从数字化侵袭再到改变客户行为的新变化，它都保持了粉丝群的忠诚度。如果你正在找我，我很有可能在参加电话会议的同时，跑到一家帕尼罗面包店，领取我的非接触式订单商品。

🔁 四个基于时间的经验

那么，当你考虑后数字化转型时代的品牌体验战略时，你能从亚马逊和帕尼罗面包那里学到什么？归根结底，有四条与本章主题相关的关键经验。

第一条经验是，要不断认识和探寻机会来压缩时间。亚马逊和帕尼罗面包的故事表明，当你更有创意地思考如何在客户旅程的每个阶段压缩时间时，真正的价值就产生了。像亚马逊和帕尼罗面包那样，将其分解到客户参与的具体阶段，这对你的品牌来说是独一无二的。例如，如果客户与你的品牌接触是为了注册一项服务，那么考虑一下如何减少他们寻找、探索、比较以及最终承诺使用你的服务所需的时间。如果你的品牌提供了多种选择，那就根据类似的访问者——他们在哪里，他们如何到达那里，他们之前看过什么——来提供选择。数据和分析能够、并将为改进开辟新的机会，分解客户旅程中的每一个阶段，从最初的知晓到忠诚度，并评估如何利用数据来个性化和简化体验。创造性地思考，不要害怕实验。由于数字化已经从一个差异化的因素转变为一种期望，实验更加被容忍，如果一个方法没有为你的品牌产生你所期望的结果，就换掉它，尝试另一种方法。唯一要避免的是什么都不做。在后数字化转型时代，当你的品牌停止创新的时候，就是你的品牌开始衰落的时候。

第二条经验是，对数据的使用要透明。这两个品牌故事都清楚地表明了第一方数据的价值，而随着cookie的消失，人们突然关注起第一方数据的收集。这些数据可能是强大的，特别是当通过分析引擎过滤并用于预测需求或产生洞察力时。虽然你需要收集和利用这些数据，但不要掩盖你作为一个品牌正在利用数据来改善他的体验这一事实。与客户建立一个价值结构，将时间作为一个关键的组成价值，鼓励客户同意分享他们的信息，这是帕尼罗和亚马逊战略的一部分，也是他们共同成功的核心。他们的算法很聪明，只是有时延伸得太远了——例如，人们普遍错误地认为亚马逊的回声设备在收听谈话，亚马逊在利用这些数据推荐产品——但总的来说，亚马逊在透明度方面的做法非常有效，它没有被媒体或群众用阴谋论的画笔涂抹，但这一问题困扰着其他FAANG（Facebook, Amazon, Apple, Netflix, Google，即脸书、亚马逊、苹果、网飞、谷歌）五巨头首字母缩写公司。相反，亚马逊拥抱透明度，将数据驱动的能力嵌入其体验信息中，如"看了这个产品的客户也买了"和"根据你的购买历史，你可能也喜欢"等标签。亚马逊并不隐瞒其使用数据的事实，但这种透明度消除了客户与一个对自己和购物习惯非常了解的网站进行互动时的令人恐惧的感觉。这促使今天的千禧一代和Z世代对隐私和个性化的要求达到完美的平衡，最终达到无缝的便利。

第三条经验是，如果实体体验是你的客户旅程的一部分，要将便利性扩展到全渠道。随着我们从数字化时代进入后数字化转型时代，客户——无论是B2C还是B2B——都重新发现了实体互动和实体接触的价值。无论是在新冠大流行封锁的年代所显现的对社会互动的渴望——需要看到、闻到和触摸到被评估的产品，或是渴望与专家进行复杂的、多维度的评估性对话——几代人正在重新探索实体世界，但他们探索的方式与以前不同了。帕尼罗的实体与数字融合的方法是引人瞩目的，它反映了实体体验在餐饮业的关键性。但同样，它也反映了客户的行为向实体的转变。亚马逊推出的实体店至少部分是为了满足客户对多感官评估、直接选择和即时满足的需求。客户并没有回到前数字化的黑暗时代，他们期望实体体验能建立在数字化互动之上。他们期望走进服装店时，他们选择的商品已经挑拣出来并在更衣室里摆放好，以便他们能快速试穿，并评估是否适合自己的身材。他们期望汽车销售商已经为他们准备好车辆，以完成他们的试驾。他们希望金融机构能够在客户停止数字操作的时候马上接手交易，并希望当可穿戴设备首次捕捉问题或异常时，医疗服务提供商能够立即访问设备收集的生物特征数据。客户希望在网上办理航班登机、酒店入住，甚至是餐厅的就餐手续。这也延伸到了B2B交易：B2B销售人员并没有消失，但购买客户希望销售人员能够完全了解在数字平台上完成的所有评估活动和配置数据，并从这一点出发。同样，这都是关于时间的问题——不得不重复步骤，不得不回溯，不得不完成以前在网上启动的任务——这不再被容忍，并将导致客户的立即流失。关键是要看清楚客户旅程的每一个阶段，并确保将其纳入完整的便利性优化之中。

最后，不要犹豫，用时间换取金钱。这是"时间是新货币"这句话的精髓，也是本杰明·富兰克林的最初格言的现代诠释。在品牌体验中压缩时间的便利性所推动的不仅仅是客户参与和忠诚度：人们愿意花更多的钱来换回时间。帕尼罗并没有像许多快餐店品牌那样通过提供一美元菜单和升级捆绑餐在价格方面进行竞争，而是坚持通过便捷的体验为优质产品保持更高的价格。亚马逊的例子也证明了这一点，它出售的商品经常可以在其他地方买到。与其离开亚马逊网站进入一个不同的网站，包括但肯定不限于同样令人印象深刻和规模庞大的沃尔玛网站，以节省一定的成本，客户选择留在亚马逊网站上支付溢价。成本的节省并不能证明额外的时间投资是合理的。这一点在廉价商品上得到了证明，但在更昂贵的商品上也同样如此，特别是当消费者考虑到整个旅程，包括履约的便利性、服务的便利性和退货的便利性。亚马逊不断利用这一原则来推动产品的收入和利润，这对你的品牌也是一个优势。随着我们进入2020年后的10年，时间的价值将进一步增加，精明的品牌将从这一趋势中获利。

第七章
找到满足市场需求的新方法

重新定义产品或解决方案是获取品牌认可度、参与度和市场份额的一种经常被忽视的策略。众所周知，人们会被新事物所吸引。新事物具有娱乐性，是对常规的突破，并能激发人们的想象力。神经科学支持了这一点，其理论范围从认为新事物会刺激战或逃反应（fight-or-flight reflex），到现代人类被过度刺激从而容易无聊这一更基本的信念。如果运用得当，为市场和体验带来新的东西是一个可以提高参与度和区分品牌的强大工具。

历史上革命性思维的事例比比皆是，这些事例改变了整个社会应对共同挑战的方式，从狩猎采集者的工具开始，到车轮的发明，并通过各种时代的创新和技术进步继续向前。幸运的是，我们不需要为了探索这个机会而重新梳理整个跨世纪的创新演变史，尽管这样做的前景令人兴奋。我们可以专注于一些现代的事例，以提取关键的经验教训，帮助你通过创新和新颖的视角重新思考你的品牌体验战略。

重要的是要记住，新颖并不意味着"激进"。虽然在这篇文章中已经提到了多个激进创新的例子，包括汽车、智能电话、互联网，甚至数字化革命的概念，但这些都是巨大、广泛、改变社会的变革，因此对大多数品牌来说是无法操作的或不实用的。除非你的品牌拥有亚马逊、特斯拉或其他一些资产负债表上有大量现金的高资本化公司那样的资源和资本，否则重新想象这种范围的东西的想法，当然是不现实的，也是不推荐的。我们可以从这些革命性的事例中学习，我们可以拥抱他们，就像我们拥抱数字化转型一样，但大多数品牌无法发起下一个全球性变革。

同样，也有很多例子可以说明，当一个品牌不能创新或不能对其市场和客户的需求变化做出反应时，会发生什么。一个广为人知的例子是柯达。回望柯达所走过的道路和它衰落的速度，是令人震惊的。柯达是一个了不起的品牌，总部设在一个同样了不起的城市——纽约的罗切斯特，二者都经受了技术颠覆以及未曾预料的替代方法采用所导致的突然冲击。其他例子包括被优步革命颠覆的出租车行业，以及在美国和其他国家随处可见的零售视频租赁店——巨型炸弹（Blockbuster Video），它没能看到即将到来的网飞的颠覆性的影响。当然，还有其他的例子，但总的教训是明确的——在今天以颠覆为导向的商业环境中，原地踏步是不行的。

对大多数组织来说，关键是找到新颖的中间路线。这意味着在不重建整个商业模式的情况下，发现创新、惊喜和愉悦的机会。幸运的是，有很多机会可以增强你的品牌的营销、销售和服务方法，以吸引市场的注意力、参与度和最终的承诺。精明的品牌在数字化转型时代开始时就看到了这个机会，在其他公司决定正式采用在线商务之前就已经采用了在线商务；正如前一章所讨论的，这是亚马逊成功之路的基础。其他创新的能力，如整合位置服务和移动通知，在客户进入实体店位置附近时与他们进行沟通，部署支持人工智能的聊天通信，实施支持增强现实的体验，并将社交通信整合到参与周期中。包括贝宝（PayPal）、派乐顿（Peloton）、特斯拉、亚马逊、戴尔、沃尔玛、喜达屋（Starwood，现在的万豪）和达美乐（Domino's）等品牌都是早期拥抱数字创新的例子。这些例子可以写满一整本书，考虑到最近的创新速度，可以说数字化转型时代的创新例子和之前几个世纪的一样多。在过去的25年里，创造新的体验所需的成本、时间和复杂性已经大幅下降。

也就是说，有几个例子因其持续的渐进式创新，和对这一持续演变的影响的认识而真正脱颖而出。露露乐蒙是一个非常吸引人的品牌，它是一家高端运动服装制造商和零售商，有着有趣的，有时是动荡的历史。让我们把它的历史稍微分解一下，突出它的旅程中的关键教训，这段旅程正好跨越了数字化转型时代。

创新的大使

露露乐蒙最初成立于1998年，考虑在其经营的市场中服装品牌

林立，它的成功本身就有点令人惊讶。它的目标市场是稍微富裕的
人群，当时圆圈内可识别的A标志（爱克佩特，Acupuncture，是一
家来自英国的潮流品牌）是这些社区的主流品牌。然而，就像我
们在本书中讲过的许多品牌一样，露露乐蒙的起点相当低。

露露乐蒙的创始人奇普·威尔逊（Chip Wilson）在加拿大不
列颠哥伦比亚省温哥华市参加了一个瑜伽班后受到了启发，决定
创办一家公司。作为一个在滑雪板、滑板和冲浪行业工作了20年
的技术运动服装设计的爱好者，他发现瑜伽学员所穿的棉质服装
既不实用又不合适。在威尔逊看来，瑜伽运动需要具有柔韧性、
透气性和弹性的服装，使人在运动时能够适当出汗。为了满足这
一需求，他成立了一个设计工作室来实现这一设想，但是为应对
租金问题，他将工作室改为晚上的瑜伽室。有趣的是，露露乐蒙
这个名字是从20个品牌名称中挑选出来的，标志是一个风格化的
A，意在参考"运动型臀部（Athletically Hip）"这一短语。我
必须诚实地说，多年来我一直以为这个标志是一个希腊欧米茄的
符号，直到最近我才被纠正，并被告知它实际上是一个风格化
的A。这并不是对这个标志的批评，而是对我糟糕的观察力的
反思。

从一开始，威尔逊就采用了一种创新的技术，最终成为各行
业的主流方法：即雇用有影响力的人来推广品牌。更明确地说，
我并不是说露露乐蒙是第一个这样做的品牌——几十年来，品牌

一直在营销活动中利用名人——但露露乐蒙的方法的本地化是相当独特的。露露乐蒙对其商店的最初设想是："创建一个不仅仅是人们可以穿上衣服来出汗的地方，我们想创建一个社区中心，人们可以在那里学习和讨论与健康生活、正念和过上可能的生活有关的身体问题。对我们来说，与我们的客人建立真正的关系也很重要，要了解他们对什么有热情，他们喜欢如何出汗，并帮助他们庆祝他们达成目标。"从一开始，威尔逊就鼓励瑜伽教练和课程参与者穿上他设计的服装，并对其设计的质量、效果和舒适度提供实时反馈。这种方法成为露露乐蒙的影响者战略的基础。

2000年11月，露露乐蒙在温哥华的基斯兰奴（Kitsilano）海滩地区开设了其第一家门店。这个刚刚起步的组织成员很快意识到，它不可能既作为社区中心又作为零售商取得成功，因此它转变了业务。它专注于成为零售商，并专注于培训"教育者"，使其了解产品的独特和与众不同的特征。

在早期的大部分时间里，露露乐蒙专注于基本的零售增长策略，将它的产品线从最初的女式瑜伽裤扩展开来，扩大零售点的数量，并建立了运动休闲风的品牌识别，将露露乐蒙的时尚延伸到街头。到2006年，露露乐蒙已在加拿大开设了27家商店，在美国又开设了9家，收入已超过1.2亿美元。露露乐蒙已开始发展出一批狂热的追随者，这并不完全是因为服装的技术特点，还因为产品能使穿着者的身材更漂亮。令人惊讶的是，它在没有广告投放的情况下推动了这种增长；它没有电视广告、广播广告或报纸宣传。它也还没有接受数字革命的影响。相反，它通过口口相传和独特设计的"大使计划"来推动品牌知名度。

露露乐蒙的大使影响者活动的独特之处在于，它的大使不是采用名人代言，而是普通人——瑜伽老师、健身教练等人——他们得到了免费的产品，以回报他们对露露乐蒙的宣传。大使们与当地的商店有联系，这些商店的设计既反映了露露乐蒙的使命，也反映了商店所在的社区。商店有温暖而诱人的店面设计，反映了街道和社区文化，而内部设计则是为了促进客人的参与、讨论、教育和探索。就像星巴克一样，采用了类似的社区战略，正如第四章"相信你的品牌，重新定义你的战略"中所述，露露乐蒙正在与女性建立一种超越产品甚至品牌的情感联系，这是一种与露露乐蒙所代表的愿景和生活方式的联系。公司鼓励当地门店举办与他们社区相关的活动，例如，圣莫尼卡（Santa Monica）门店在海滩上举办瑜伽课程。正如你所期望的那样，这些课程由大使主持，并配备了露露乐蒙的装备。虽然这些已经是今天常使用的方法，但在当时，大使计划是相当革命性的。露露乐蒙认识到以社区为中心的营销和品牌建设的力量，创造了一个以体验为动力的品牌——使用产品的体验，活跃的体验，以及对健康的关注。今天，大使计划仍在继续，在全球各地的社区有超过1500名参与者。

⊘ 客户关系管理的战略创新

露露乐蒙并没有止步于此。在2007年上市并继续增长后——在接下来的5年里，公司将开设超过100家新店，在北美以外的地区进行国际扩张，在2010年突破10亿美元的收入，并在2014年推出了男装系列——露露乐蒙开始积极地打造数字化体验和数字化机遇。公司在2009年推出了第一个电子商务体验。我们不难理解，这需要付出巨大的努力来复制门店里的教育者和大使们所创造的价值和联系。通过这个过程，露露乐蒙认识到需要在网上创造同样的个性化体验，于是启动了一个积极的客户关系管理计划，建立一个电子邮件数据库，促进与客户在商店中类似的互动对话。这是一种新颖的在线商务方法，当时大多数零售品牌都在竞相建立和推出标准的商务功能：分类页面、产品详情页面和购物车结账页面。这种方法巧妙地立足于公司的战略，即在教育者、大使和客户之间保持一种亲密的联系，认识到对话的媒介正在从单纯的店内转变为店内和数字的结合。

正如数字部门的执行副总裁米格尔·阿尔梅达（Miguel Almeida）所说的，露露乐蒙的方法是跨平台的。公司重新设计了自己的网站，"以使整个客户体验更有凝聚力和愉悦感，同时大力投资于建设我们的客户关系管理和分析能力……以真正为我们的客人提供场景相关的体验，讲述我们的产品和品牌……将这些客人与我们的商店联系起来。"这与第六章"时间是新货币——预见而不侵扰"中所讲述的经验相一致，即超个性化体验的关键性，尤其是跨渠道体验。阿尔梅达继续推出新的数字计划，其中许多都集中在第六章所述的便利性和压缩时间上，但也同样集中在新奇的创新上，其本身就吸引了对新功能充满好奇的客户的关注和参与。阿尔梅达在2015年的一次采访中强调的一项新兴能力是BOPIS，即在线购买，到店取货。在当时，这是一项新的功能，它允许客户利用网上购物的简单性和普遍性，还可以获得快速履约的某种即时满足感。这通常还可以进一步扩展，即由教育者准备一些补充产品，甚至根据顾客的个人资料和购买习惯的数据提出建议，这成为一个增加交易价值和该客户整体钱包份额的增值方式。

值得注意的是，露露乐蒙并没有放弃对定义其品牌的店内体验的关注。事实上，在2014年，它在埃德蒙顿推出了一个新的概念店，以应对当时的零售空间作为一个"聚会场所"的趋势。正如《零售业内人》（*Retail Insider*）的一篇文章中所描述的，露露乐蒙创造了一个新的商店设计，具有可改装的公共区域，允许客户合作、社交，甚至可以变成一个工作场所。该店位于埃德蒙顿的怀特（Whyte）大道，是根据当地人的反馈设计的，与独特的社区的愿望和需求相一致，以建立更深的联系。根据《零售业内人》在该店开业时写的文章，店里到处都是打坐和参加瑜伽课程的人。商店周围有地板垫，但有一位女士正在桌子上冥想。这被描述为一个相当不拘一格的场景，文章确实注意到收银台很忙，人们购买了大量的产品，尽管商店的大部分地方并不是专门用于零售。显然，该店达到了预期的效果，而且该店形式的新颖性再次推动了大量的媒体报道和同样重要的客户参与。

露露乐蒙继续创造吸引当地社区参与的体验，包括一个快闪零售区，当地供应商可以在此销售与露露乐蒙体验和品牌一致的产品。文章中引用了零售专家布里吉特·鲁索（Bridget Russo）的话，她解释说，店内的另类使用空间激发了人们的参观热情，特别是当这个空间被用于社区会议和店内活动时。它使商店里的客户络绎不绝，将露露乐蒙品牌打造成实体零售业的支持者，并在电子商务爆炸性增长的时代，激励人们走进实体店。并非每项创新都被证明是成功的，这也是创新功能运行良好的标志。从根本上说，创新团队不能害怕失败，有时，创新计划并不能像预期那样推动投资回报率。没有探索，伟大的想法很少会有结果。例如，在2016年，露露乐蒙在纽约开设了露露乐蒙实验室（继2009年在温哥华推出的露露乐蒙实验室原型之后），将它的门店概念与店内设计孵化器相融合，推出了专门为纽约市通勤者设计的限量版商品。根据《造型》（InStyle）在2016年的一篇文章，它计划在未来几年将该店推广到多个地点，但此时加拿大的实验商店已经关闭，它只在纽约市诺霍（Noho）区的邦德街50号营业。

另一个例子是露露乐蒙的男士专卖店形式。该店于2017年在纽约和多伦多开业。这家店提供各种新的设施和服务，包括获取团体跑步路线、活动、乒乓球桌、理发和冷饮吧。尽管露露乐蒙继续投资于扩展男装系列，但该店只短暂地运行了两年，于2018年底关闭。"我们在露露乐蒙不断地测试和学习——这就是我们对男装店的做法"，露露乐蒙的发言人艾恩·汉金森（Ein Hankinson）说，"在测试了男装店后，我们发现客户对公司作为一个'双性别品牌'的反应更好"。这值得关注和致敬，因为它有勇气尝试一种独特的消费模式，并看看其是如何被接受的。

正如在2017年1月的全国零售联合会（National Retail Federation, NRF）大展上宣布的那样，露露乐蒙继续在客户关系管理的数据收集和机器学习方面投入巨资，开始对客户群体进行分析，并获得对客户行为的洞察力。一个基础步骤是鼓励店内的教育者在每笔交易中要求客户提供电子邮件地址。以前的匿名客户被识别出来，将客户与他们的购买行为相关联，并同时使用客户的在线资料。这些结合在一起，成为用于评估客户的基准识别变量。这是许多客户关系管理策略的精髓，捕捉到了在线和现场的全部参与活动。这样做，往往需要进行价值交换，包括提供为客户量身定做的内容，或提醒客户即将到来的促销活动或店内的活动。据当时的数字部执行副总裁米格尔·阿尔梅达讲，这些数据与在线客户反馈、产品页面上的评论以及客户通过脸书和照片墙等社交渠道的实时参与相结合。露露乐蒙甚至整合了从呼叫中心收集到的信息和洞察。正如阿尔梅达所阐述的那样，公司的目标是接触10亿人，同时根据收集到的关于每个客户的信息以及具有类似性格的其他人的信息，提供一个超个性化的体验。正如阿尔梅达所说，"人际关系是我们的核心，我们从来都不是只做实体产品，而是一直在创造一个社区中心作为核心基础"。他还领导团队重新设计了网站，因为它没有针对移动设备进行优化，而且"不能做到完全无缝衔接"。这些最初的努力有了显著的回报，网站访问量增加了50%，当地门店活动的出席率提高了25%。这种对创新持续不懈的关注，以及为满足客户不断变化的需求而对体验进行的新颖改造，推动了持续的和显著的回报。

新颖的全渠道参与

随着我们进入后数字化转型时代，露露乐蒙的独特定位是捕捉现代人对参与体验、创新功能和真正无缝的全渠道参与的期望。聪明的是，它没有停滞不前，它继续推出新颖的和创新的体验和解决方案来吸引客户。进入2020年前所未有的新冠大流行时代，当客户不再光顾商店的时候，露露乐蒙买下了魔镜

（Mirror），一个挂在墙上的、应用驱动的虚拟锻炼解决方案，将瑜伽室、综合健身房（cross-fit studio，包括体能、力量、爆发力、速度、协调性、柔韧性等综合训练方式）和私人教练带入家庭。虽然家庭综合健身的趋势并不是一个完美的增长故事，而且魔镜的销售也反映了该产品类别在被收购后的最初几年所固有的问题，但在短期内，将店内健身课的体验以及大使的参与带入家庭，仍然是一个明智的策略。《情报自动化》（*Intelligence Automation*）在2022年的一篇文章中预测，在新冠疫情期间使用在线健身计划的人中有70%会将计划长期坚持下去。随着年轻一代——千禧一代和Z世代——在生活和事业上不断成熟，他们可能会继续被灵活的参与模式的想法所吸引，这允许他们根据当天的日程安排，以实体或虚拟的方式光顾门店。

除此之外，露露乐蒙继续发展它的数字化战略，在它的门店里提供积极的、以社区为中心的体验。它已经投资了射频识别技术，这使它能够暂时将门店转换为履约中心。这有助于它轻松地应对新冠疫情初期出现的在线订单高峰。它还实施了一些新的数字化服务，如虚拟等待名单，通知客户何时可以进入商店——这是为了解决新冠疫情期间实施的实体店的人流限制问题——以及移动销售点（POS）系统，允许退货、换货或礼品卡购买等交易在店外处理。它扩大了在线购买、店内取货和路边取货的能力，并建立了在商店正常营业时间之前、期间和之后预约购物的能力，再次增加了实体店营业的总接待量，同时也解决了新冠给客户带来的群体性担忧。最后，也许是最巧妙的，它推出了虚拟的个人购物指导，为那些喜欢网上购物但可能需要一点额外帮助的客户提供指导。所有这些功能都是新的，虽然露露乐蒙的策略在全球新冠封锁的最动荡时期肯定是被动的，但策略的成功与解决方案的新颖性以及这种新颖性所创造的认可有关。

同样，露露乐蒙在当前这个后数字化转型时代的重点并不完全是销售更多的产品。它继续在社交媒体上建立社区和联系，包括通过中国的微信以及北美和欧洲的一系列平台。在新冠疫情的早期阶段，2020年3月露露乐蒙关闭门店的第一周，有近17万人参加了公司在照片墙上的直播课程。

这反映了露露乐蒙的体验战略向全渠道的真正过渡，这部分是由新冠疫情迫使的，但随着千禧一代和Z世代的消费者继续进入市场并扩大他们的购买力，这可能仍将是一种期望。用现任首席执行官卡尔文·麦克唐纳（Calvin McDonald）在2020年12月与美国全国广播公司（Consumer News and Business Channel，CNBC）的吉姆·克莱默（Jim Cramer）谈话时所说的，"创新、全方位的客人体验和市场扩张构成了露露乐蒙的增长战略"。

在露露乐蒙展望未来的时候，它采取了明智的措施，开设了一个全球创新中心，将创新功能与内部技术能力结合起来。截至本书发行时，创新中心的目标是2022年将聘用250名技术人员。据

《印度时报》（*Times of India*）援引现任首席技术官尔贾利·艾维里尔（Julie Averill）的话说，"我们所有的战略都是以技术为支撑的——产品创新、全渠道客户体验或国际市场"。文章称，这个位于印度的团队将专注于设计和开发一系列技术驱动的解决方案，以改善在线和店内的客人体验。文章还指出，其他大型零售商，包括塔吉特、劳氏（Lowe's）、沃尔玛和乐购，都在印度设有中心，帮助实现数字化运营。

这是创新功能的顶峰，因为这种类型的专用中心汇集了战略和技术人才，能够快速推进若干举措，每项举措都可以在市场上进行测试并测量其影响。我曾亲自观察过各行各业的一系列公司在教育程度高、成本低的地区建立类似的功能。露露乐蒙在《印度时报》的文章中明确指出，关键是要确保所有的创新工作都集中在改善客户体验上，提供新的功能，吸引客户的注意和参与，同时采用书中规定的其他策略，包括减少执行功能所需的时间，透明和公开地利用数据来提高个性化，并最终建立情感联系，保持对品牌的忠诚。

↪ 将创新融入品牌战略

这个话题比任何其他话题都更适合于几个有趣的例子，每个都是近年来出现的，可以探讨。其中许多是以技术为中心的，尽管他们是在科技以外的行业内服务。优步是一个完美的例子，过去叫车或打车的体验是非常糟糕的，信息完全不透明，而优步则提供车辆运营供给、成本和汽车质量等各种信息，创造了在智能手机上完美与新颖的体验。苹果公司通过在产品体验、使用产品时的参与体验以及苹果商店的实际体验方面的创新，不断吸引市场的注意力。贝宝重新定义了金融交易，最终在某种程度上被更简单、更注重社交的完眸（Venmo）所取代。

从露露乐蒙的故事中可以得出四个关键的经验，一般来说，新颖的体验对品牌的激活、参与和忠诚度产生影响。我鼓励你思考这些公司的故事，以及露露乐蒙的旅程，以评估这些经验如何适用于你的品牌。最终，我们应该从我这里描述的高增长、高忠诚度的品牌故事中总结出四个关键的经验。

首先，不要为了制造轰动效应而引进新事物。确保创新与你的品牌战略和体验战略相一致。将客户漏斗中的每一个体验分解开来，并询问它是否改善了客户的需求或减小了差距，同时也反映了品牌的基调和声音。同时，站在整个全局的视角和根据该阶段的预期结果来评估这个想法。例如，如果这个新颖的想法延长了完成最初交易的时间，那么它很可能会产生中性到负面的影响。露露乐蒙不断将其创新活动建立在品牌承诺的基础上，即用高品质的服装来支持积极健康的生命周期。你的品牌应该保持类似的一致性。

其次，保持专注，在可能的情况下，保持小范围。在大多数情况下，进入市场的速度是头等大事，而新颖性的窗口期有点短。新颖正是如此——它是新的——但它也是转瞬即逝的，这就是为什么持续创新如此关键。建立一个人工智能驱动的对话界面，该界面可用于快速回答问题，并能达到先前人与人之间交互的解释水平，这可能会令人兴奋，但一旦在市场上取得成功，它很可能在一年内被你的竞争对手复制，迫使你考虑下一个创新。在今天的后数字化转型时代，你的网站或移动应用程序上的新设计概念、新导航和新功能可能会在短时间内吸引人们的兴趣和参与，但很可能会很快被你的竞争对手所取代。即使是实体店的推出，如露露乐蒙在埃德蒙顿、多伦多和纽约的概念店，虽然会立即引起轰动带来流量，但随着时间的推移，势头会逐渐减弱。

但这并不削弱这一举措的价值，因为短期内的收益可能是非常有价值的。每一个推动参与的机会都会给公司带来收益，并增加客户转化的机会，最终推动客户的忠诚度。同时，短期影响周期强调了持续关注创新的必要性，并同样关注将创新与客户需求、客户期望和品牌战略相结合，这是成功的关键，但这并不是一个简单的过程。它需要投资、灵活性，并愿意接受成功道路上的失败，正如露露乐蒙所做的那样。

再次，要不断衡量影响，不要在可衡量的收益之外进行投资。俗话说："不要把好钱砸在坏事上。"这与短期收益的想法是相辅相成的，但却进一步延伸了这样的想法：某些创新的引入除独特外，只会吸引一个小众市场。事实上，某些新颖的体验将成为体验的根基。对于露露乐蒙来说，这包括大使计划和全渠道体验的基础元素，如在线购买，店内取货。其他的创新只运行了很短的时间，比如男装概念店，虽然男装系列仍然是它战略的核心，但男装零售空间的概念在几个月内有所收获，但几年内没有收获。要知道什么是品牌体验应该坚持的，什么是应该被淘汰的，需要针对计划本身使用数据和分析，这样才能衡量影响，设定基线，并考虑增量收益和损失。与此同时，应该完成基本的体验研究，如客户体验调查，这将有助于确定哪里有收益。

最后，着眼于未来，但不要太超前于你的市场或品牌。新的体验概念不断出现，从大规模的（第十章中讲述的元宇宙浪潮就是一个很好的例子）到微不足道的（例如重新设计移动应用的布局）。这种全方位的创新有可能吸引你现有和潜在的客户群。然而，在评估想法时，重要的是要了解谁是目标人群，他们有多成熟。例如，如果你的目标受众主要是美国中西部的X一代和婴儿潮一代，推出一个复杂的加密货币支付平台很可能不会成功。在虚拟现实（VR）平台上建立一个完整的女性服装购物体验可能会有类似的反应，因为VR仍然主要是游戏玩家，也主要是男性的领域。相反，采取渐进的方法，在市场中找到一个可以通过创新、技术连接和引人注目的可视化来加强的需求。这种方法要与你的市场成熟度的现状相一致，然后将这种方法应用于数字实体整合和数字体验。露露乐蒙公司一次又一次地采用了这种组合，而且投资回报率很高。

回到露露乐蒙，需要问的最后一个问题是，这种持续的创新和新颖性对公司的影响最终是什么？为了回答这个问题，让我们看看露露乐蒙在过去5年里的表现。2017年，露露乐蒙的收入为23.4亿美元，而在2021年年底，它的收入为44.0亿美元。过去五年中的股票总是在波动，但截至本书写作时，它的涨幅已超过400%。虽然这种指数级增长的一部分肯定归功于产品创新、运营改进和有效的产品销售，但历史已经证明，其中合理的比例可以而且应该归功于它持续不断的创新循环，并将创新与客户旅程和它在24年历史中保持的品牌联系起来。

第八章

让体验人性化

在前面的章节中，所选的品牌故事已经清楚地表明，数字化转型已经改变了每个人与品牌接触的方式，无论其关系特征、人口特征和社会经济特征如何。全世界的消费者、企业客户、员工和合作伙伴现在都在使用一系列的数字工具和技术进行沟通、查询和交易，无论他们是在偏远的农村地区还是在最拥挤的大都市。在这个新出现的后数字化转型时代，数字化已经达到了一个地步，数字已经像空气一样，我们视若无睹。我们不会注意到数字化能力，除非他们不存在。这是一个基本的期望。

这是我在准备这本书时与其他专家详细讨论的一个话题。我曾有机会与卡莉塔·麦克达德（Kaleeta McDade）共度一段有意义的时光，她目前担任奥美体验全球执行创意总监。卡莉塔是一个聪明的人，她相信在后数字化转型时代，体验已经成为定义品牌的基础。

在我们的讨论中，卡莉塔强调了许多品牌在数字化转型时代的第一个10年里被迫采用的急于实现数字化功能的做法。许多品牌遵循"梦幻成真（*Field of Dreams*，指环球影业1989年发行的电影）"策略，在多个平台上建立数字化功能，并希望流量会到来。很难批评这种方法，因为它反映了前一章中讲述的新颖的创新方法，但早期创新的速度导致了大规模的廉价商品化。每个品牌都开始像其他品牌一样，每个体验都开始照搬其他体验，功能成为首要任务。企业在急于快速数字化的情况下，忽略了作为有需求、有期望、最重要的是有情感的人类想与体验互动的重要性。卡莉塔不断强调，这是一个巨大的失误，许多品牌错过了一个机会，因为他们没有花时间去了解人类的基本需求，而只有了解这些需求才能推动人们参与到体验中来。

⤳ 了解人们的需求

卡莉塔和我讨论了几个数字化案例，他们超前于社会需求，错过了关键的市场预期，或者未能克服最初的挑战，使用户失去了体验。其中一个例子是科兹莫（Kozmo.com），这是一家数字出身的公司，承诺"一小时内免费提供录像机、游戏、DVD、音乐、杂志、书籍、食品，以及其他基础产品等"。公司甚至与星巴克建立了合作关系，可以提供星巴克咖啡，还允许科兹莫的客户将录像机返还到当地的星巴克商店。这是一个非常聪明和非常有远见的模式。

这项服务于1998年由约瑟夫·帕克（Joseph Park）和姜勇（Yong Kang）发起，并在美国的几个主要城市推出，但不幸的是，他们遭受了重大损失，从未达到核心的大众客群。帕克和姜勇将失败归咎于2000年通常所说的网络泡沫破灭，金融家们则认为是由于不收取送货费的财务模式。但是对该业务进行历史回顾后发现，它要解决的是一个在20世纪90年代末尚不存在的需求，客户当时的主要需求是找到要购买的产品，对于他们提供的许多核心产品，包括视频、游戏、DVD、音乐、杂志和书籍而言，浏览体验仍然比履约过程更重要。客户在CD店的卖场过道，或在音像店，甚至杂货店中花时间找东西是鼓舞人心和令人兴奋的，发现甚至是狩猎这一行为本身，满足了人类的关键需求，而且购物体验通常是社交的。由于到1998年，电子商务行业还没有达到商品全面、信息实时的程度，客户还没有准备好去掉旅程中的这一步。客户参与率不够，数量不足以抵消成本或推动持续的投资。

说白了，这不是错误的想法，只是时机不对。亚马逊清楚地看到了最后1千米、近乎即时交付的潜力，而且它是Kozmo.com的早期投资者之一。科兹莫在市场还没有准备好的时候就向市场推出了这种服务，而且它从客户的旅程中消除了一个关键的人类需求，这比上门送货的便利性更重要。虽然现在有多个品牌提供当天杂货（和其他产品）送货服务，但Kozmo.com没有意识到它没有满足人类的特定需求。现在，人类的需求通过互联网内容的指数级扩张得到了解决，这使得客户可以在网上浏览、发现甚至试用产品，即时配送模式的机会已经来临，几家公司，包括但肯定不限于亚马逊、英斯特卡特（Instacart）、豌豆荚（Peapod）和配迅网（DoorDash），都提供近乎即时的最后1千米交付。事实上Kozmo.com在关闭运营后不久就被收购了，在2018年重新开业，现在专注于杂货的批量交付，并收取少量交付费用。

在我们的讨论中，卡莉塔说到了许多其他例子，这些公司由于错过了人类的需求而走上了类似的道路。脸书让聚友黯然失色，尽管聚友在市场上有3年的领先优势。虽然他们在2008年的规模几乎相同，但脸书对市场的需求保持着更密切的了解，而聚友，正如塞萨尔·卡德纳斯（Cesar Cadenas）在《视频狂欢》（*Screen Rant*）的一篇博文中所阐述的那样，"未能关注其社区的需求和网站的可用性，用户离开后转投其他平台"。这个失败部分或主要是由新闻集团（News Corp）收购聚友和集中于变现所导致的，而变现往往与人类的需求直接冲突。我还能想到的其他例子是施乐公司、纳普斯特（Napster）和酸橙线（Lime Wire）。

虽然向那些没有成功的公司学习很重要，以确保你的品牌不会犯同样的错误，但强调成功的模式更具有启发性和活力，这些模式可以被模仿和扩展，以推动持续的客户参与和增长。有很多品牌认识到了市场中未被满足的人类需求，利用这种理解来获取巨大的市场份额的例子。在最近的历史中，也许最值得注意的是苹果，从2022年开始，按市值计算，它是世界上最大的公司。事实上，在写这篇文章的时候，它的市值比第二大公司多出了5000

亿美元。这是一个了不起的领先优势。

　　苹果公司通过关注人类的需求——在公司成长和进化的每个阶段都关注体验，达到了这个里程碑。可以说，它是第一家将时尚和技术结合起来的公司，满足了人们对与众不同和追求时尚的需求，即使在质量相对较低和价位较高的时期，也能引起人们对产品的渴望。苹果公司还建立了情感上的兴奋、渴望感、彻底的体验感和无尽的信心，这基于人们的共同愿望，即独一无二和成为最新流行趋势的一部分。从史蒂夫·乔布斯著名的讲台产品展示，到1984年在超级碗上为麦金托什计算机（Macintosh，简称MAC）上市而做的标志性广告（广告灵感来自小说《1984》），苹果建立了一种体验，它不仅表达了不循规蹈矩——它表达了优越性、排他性，以及人们常说的酷，这是个人计算机行业以及最终的智能手机和智能手表行业无法比拟的。它在2007年推出iPhone时保持了这一点，人们成群结队地购买该产品，以便能够向它的朋友和同事表明它是特定群体的一部分，即使该产品在将近一年的时间内不支持公司的电子邮件系统。我是这些人中的一员，我经常反思这个决定是多么愚蠢，因为第一个版本相对于我的收入来说是如此昂贵，可用的增值应用非常少，手机一直在掉线，而我仍然需要我的黑莓手机来保持工作的效率。我不是在批评iPhone，因为我一直在升级我的苹果手机，它是我今天最宝贵的物质财富之一，但在2007年，它的炒作多于实际作用。

史蒂夫·乔布斯引领的这种理念和方法，以及他对设计完美的不懈追求，推动了大多数产品的成功。苹果公司的设计和以体验为导向的方法引发了人类的多种情感欲望，包括如前面所强调的成为最新潮流的一部分，想要展示时尚和追求设计风格以及通常的，担心错过最先进的功能。这仍然是人类的一种需求，今天你每次访问苹果商店时都会得到满足。苹果商店是为数不多的仍吸引人们进入的零售业态之一，而且经常有人排队等待进入。人们希望成为时尚、现代体验的一部分，这里面都是"天才"，陈列着可供探索的产品，店员穿着黑色T恤和牛仔裤走动。人们希望成为这种环境和体验的一部分。

特斯拉公司是另一个例子，公司用指数级的市场增长证明了自己的模式。截至本文写作时，特斯拉已经在市值最大公司的排行榜上排名第五。虽然特斯拉汽车仍然相对昂贵，它的高端车型比大多数豪车品牌的价格更高，但由于持续的制造延误，仍需要一年左右的时间才能交货，而且根据君迪（JD Power）研究，特斯拉的质量在33个品牌中排名第30位，令人失望。特斯拉在君迪的2020年魅力研究中位居榜首，该研究测量了车主对其汽车的情感依恋和兴奋程度。特斯拉能够通过遵循苹果公司的方法将满意度与质量分开，其中包括简化配置、通过在线门户订购、没有传统经销商高压销售策略的零售展厅体验，以及坐在方向盘后的无与伦比的体验——特斯拉汽车的感觉更像是在驾驶计算机模拟器而不是汽车。特斯拉汽车定义了现代汽车设计，而电动车的配置加强了其领导者地位，并满足了人们保护环境的共同愿望。

耐嚼网（Chewy.com，美国最大的宠物电商）认识到人们与宠物之间的情感联系，并在整个客户旅程中提供了增值服务，包括在线访问兽医，在网站上提供人工智能驱动的"随便问"部分，帮助主人解决有关宠物行为、状况、营养和一般健康的问题，也许最值得一提的是，耐嚼网向因失去宠物而取消订阅的客户寄送卡片和花束。许多宠物主人和宠物的情感联系可以媲美或至少接近与孩子的联系，而耐嚼网满足了人类为这些家庭中的珍爱成员提供最佳护理和最佳生活质量的需求。

最后，深受大家喜爱的美国快餐店品牌福乐鸡（Chick-fil-A）聘用了衣着整齐、彬彬有礼的青年站在店外面，在开车通过的地方列队传达年轻人的活力和热情，同时满足了更快地把食物送到车里的需求，所有的员工都会友好地传达"很高兴为你服务"的信息。这满足了人类作为客户被重视和被赞赏的需求，这是出色的客户体验的基础，但在急于数字化转型的过程中往往被忽视了。

这些品牌中的任何一个都可以作为详细的案例研究，说明在数字化和实体渠道中人性化体验的价值，但其中一个是因其在2021年和2022年的快速增长和显著的采用率而引人注目的罗宾汉（Robinhood，美国互联网金融服务公司）。

🔹 将独家市场扩大到所有人

正如卡莉塔在我们的讨论中指出的，罗宾汉公司（以下简称罗宾汉）是一个利用对人类需求和情感的独特理解，在近年来对市场产生重大影响的品牌。卡莉塔的原文表达很精彩，很难超越，所以下面引用我们讨论的内容："罗宾汉正在通过缩小自命不凡的鸿沟来彻底改变金融服务。它挑战了金融服务的词汇表，并将其分解为更容易、更有亲和力的术语。罗宾汉给大众提供了机会，同时赋能了一场金融革命，在2021年几乎打破了我们的金融经纪系统。"

"股票市场是一个脆弱的实体，基于'真实价值'和货币价值的无形属性，而这些新的参与者正在重新定义这两个术语。这场革命不会被电视转播，但它将被社会风传。通过新的小额融资机制、社会众筹机制，以及愿意缩小最富有的少数人和仅够糊口的大多数人之间的鸿沟的社区，罗宾汉以其独特的人性化投资方法一直是促成金融发展的卓越领导者。随着消费向新资产类别的转移，包括加密货币和NFT，这种价值定义的去中心化将创造新的收入来源，或永远改变我们的存在方式。"

带着这样的挑战，让我们看看我们能从罗宾汉的故事中学到什么。根据其网站，罗宾汉的故事始于近十年前的斯坦福大学，白居·巴特（Baiju Bhatt）和弗拉基米尔·特涅夫（Vladimir

Tenev）在那里作为室友和同学相遇。毕业后，他们收拾行李前往纽约，建立了两家金融公司，向对冲基金销售交易软件。凭借他们在金融界新发现的经验，他们意识到，华尔街的大公司实际上不支付任何股票交易费用，而大多数美国人的每笔交易都要收取佣金。

巴特和特涅夫很快决定，更重要的是建立能够为每个人提供进入金融市场机会的产品，而不仅仅是富人。在前往纽约2年后，他们搬回加州并建立了罗宾汉，一家利用技术鼓励每个人参与金融系统的公司。这个起源故事已经表达了该品牌以人为本的理念，以及对满足社会需求的关注，为普通人提供投资工具和以前被认为无法进入的市场的机会。当新系统推出时，他们积极宣传一些理念，传统的经纪公司花几分钱来执行交易，而向客户收取每笔交易5—10美元的费用。罗宾汉还指出，这些传统的经纪公司需要500—5000美元的最低门槛。与此相比，罗宾汉提供免费交易，没有最低门槛要求。

特涅夫和巴特在2014年接受《福布斯》杂志采访时指出，这显然满足了市场的独特需求，消除了标准经纪公司的巨大准入门槛。他们解释说，在罗宾汉非官方推出之前注册的15万个账户中，75%的客户出生于1980年或以后。他们抓住了高价值的"千禧一代"的注意力和参与度，使老牌经纪商只能关注年长的"X一代"客户。

🐬 以人为本的参与

特涅夫和巴特知道，他们的核心人群千禧一代不会在计算机前花费大量时间，所以他们采取了移动优先的方法，这在他们推出时是独一无二的。移动应用程序经过多年的发展，每一次发布都会有更丰富的功能，但它是建立在简单、透明和人与人之间联系的基础上的。在注册过程中使用的短语不是正式的或僵硬的，而是类似于"你想在罗宾汉上做什么？"和"想在你的第一次投资中得到帮助吗？"的问题措辞。它用普通人熟悉的语言进行交流，特别是对千禧一代和现在的Z世代群体。坦诚地说，我在2014年经历过整个注册过程，感觉罗宾汉的注册过程仍然保持着与iPhone设置过程非常相似的感觉：简单的普通英文问题，下拉式答案框，以及沿途有任何问题的清晰帮助图标。一旦完成注册，罗宾汉应用程序就会提醒人们，它可以从最低的1美元开始，消除了大型券商和它的最低门槛要求经常造成的恐惧感。

随着罗宾汉的发展，它仍然专注于建立一个直观和简单的移动体验。正如创始人特涅夫在2015年与《赫芬顿邮报》（*Huffington Post*）分享的那样，最初的重点是建立一个让用户保持20~25秒参与的应用程序，他认为这是当时人们会使用一个移动应用程序的时间。特涅夫承认，这是一个艰难的努力，但最终是值得的，由于罗宾汉设计第一的理念导致了它成为第一个获得苹果设计奖的金融产品。

这种直观设计和通俗语言使这个应用程序有一种拟人的感觉，缓解了客户将稀缺的、辛苦赚来的钱投入到许多人几乎不了解的市场的自然焦虑感。这对罗宾汉来说无疑是有效的，根据它在2015年接受《赫芬顿邮报》的采访，罗宾汉在推出后立即实现了显著的快速增长。一个早期用户——可能是第一个注册的人——将该应用程序发布到红迪网（Reddit），这是一个美国社会新闻综合网站和网络内容评分和讨论网站，新用户注册人数迅速飙升，在推出的第一个晚上就有30个访客，第二天就有400个，这一天正好是星期六。它在头30天内获得了超过10万个注册用户。最终，它的候补名单超过了100万人。 这一切都是在没有任何广告或主动营销的情况下完成的：品牌是通过体验和社交网络的病毒营销建立的。罗宾汉很快就看到了这种自然增长的价值，它推出了一个推荐计划，为每个推荐人换取三只免费股票，同时也给新客户提供免费股票。

罗宾汉采用的另一个技巧是透明度，这可以唤起人类自然的信任情感。信任是对品牌忠诚度的基础要素之一，正如我们将看到的，罗宾汉在其9年的历史中一直保持着这种客户忠诚度。在它的网站和移动应用程序中，有一个名为"罗宾汉如何赚钱"的小模块。它用大多数人都能理解的通俗语言清楚地阐述了交易过程是如何进行的，有哪些风险，以及罗宾汉会保护用户免受哪些风险的影响。

为了进一步实现人性化的概念，解决个人的内在需求，2017年罗宾汉创建了一个社交媒体网络。有趣的是，它最初是作为一个网络平台推出的，但是，正如2017年11月撕页网（Tearsheet，美国著名的金融与科技类网络媒体）的一篇文章所阐述的那样，最值得注意的是它的信息传递："帮助实现（罗宾汉）使命的第二部分，使普通人能够进行股票交易；帮助他们做出更加知情的决策。"这种方法反映了亚马逊和微软所采用的策略，这两家超级成功的公司同样注重其体验的人性化。在莉亚·雷塔（Leah Retta）关于推荐引擎的策略和技术的《动态收益》（*Dynamic Yield*）电子书中，两位专业从事个性化和推荐的行业巨头布伦特·史密斯（Brent Smith）和格雷格·林登（Greg Linden）被引用了这样一句话："'发现'应该像与一个了解你的朋友交谈，知道你喜欢什么，在每一步与你合作，并预测你的需求"，从一开始，最终目标就是"利用机器和数据的力量，为消费者提供人性化的数字体验"。

巴特在强调旨在使交易更具协作性和社交性的功能时，也接受了这种观点。例如，正如撕页网在同一篇文章中解释的那样，罗宾汉会显示，对于任何一只股票，还有多少人拥有同一公司的股票，其他用户为这些股票支付的平均价格，以及过去一年人们为该公司股票支付的所有不同价格的分布。巴特用非常人性化的语言概述了这种方法的价值，他解释说，这种方法使数据更容易理解，特别是对投资新手。通过关注参考价格——当前价格与其他人在一段时间内支付的价格的比较——巴特意识到，人们不仅开始理解数据，而且能够根据个别股票在市场上的表现做出明智的决定。

聪明的是，罗宾汉采用了其他以人为本和以数字为本的成功品牌所采用的技术，如亚马逊。它认识到，那些没有足够时间调查和研究股票、研究交易员和专业金融人士日常使用的先进技术图表的人，往往会向朋友和同事寻求选股建议。它推出了一个类似于零售网站采用的推荐工具，显示"拥有这只股票的人也投资了"的股票和其他金融工具。这不是在提示用户购买，而是在提示该股值得研究。正如巴特向撕页网解释的那样，它从在线购物网站获得灵感，更具体地说，是比较购物网站和音乐流媒体应用程序。例如，罗宾汉应用程序会显示晨星（Morningstar，美国投资研究服务公司）的专家对股票的评价，并显示拥有该股票的罗宾汉会员的数量。该应用程序有一个"为你"部分，根据购买和浏览数据提出一些值得研究的股票，该应用程序还建立了播放列表，这是符合一组特定标准的股票集合，如虚拟现实公司或今年最受欢迎的100只股票。巴特解释说，鉴于可供交易的股票数量，总是很难记住你要找的那只股票，因此该应用程序通过直观的数据驱动逻辑帮助导航和发现功能变得更容易。

　　有很多信息需要解读，但其本质是相当清楚的。罗宾汉，从一开始就认识到熟悉的东西对普通投资者的重要性。当人们在一个他们认可的环境中工作，与熟悉的功能互动时，他们会更加舒适。在实体世界是这样，在数字化体验中也是这样的。因此，当其他在线交易平台提供专家工具和详细的分析界面以吸引成熟和自信的交易者时，罗宾汉认识到，不熟悉的人使用类似于商业网站、社交网站和流媒体网站的界面会更自在。显然，这种策略是有效的，因为罗宾汉在接近2017年年底时，用户数突破了300万，交易量达到1000亿美元。这使他们能够与1996年推出的亿创理财（e-Trade，美国网线券商）相提并论。

　　值得注意的是，这并不是在贬低当时或今天正在运营的其他在线交易平台。C理财（C-Trade）、TD理财（TD Ameritrade）、嘉信理财（Charles Schwab）和史考特理财（Scotrade）在市场上拥有的工具和界面都非常好，功能很强，而且极具创新性。他们在吸引和留住目标用户方面也非常成功。他们只是有微妙的设计差异，以及使用基本的账户模型，没有吸引到特定的人口统计特征的细分客群。罗宾汉利用这个机会俘获了"普通人"群体，创造了一种满足人类需求的体验，并建立一个能满足这些需求的商业模式。

🔵 冒着争议的风险增长

　　罗宾汉没有停滞不前，继续推出满足目标客户需求、期望和情绪触发因素的体验功能。罗宾汉在2017年推出了黄金版（Robinhood Gold），这是一种高级订阅服务，提供高达50000美元的即时存款、保证金交易和市场分析，与当时更复杂的在线交易工具相类似。

　　罗宾汉还保持了一个简单而直观的界面，模仿了常见的在线功能。例如，在应用程序的信息传递部分，界面看起来与经常使用的社交信息传递或文本信息传递应用程序非常相似：它可能是WhatsApp、苹果信息（iMessage）或我加群（GroupMe）。与后者类似，它甚至提示用户可以通过触摸屏幕来选择常见的查询。例如，当一笔交易悬而未决时，信息应用程序显示了订单的细节，三个提示的询问是："我可以看到更多的细节吗？"（一个眼镜表情符号），"为什么这个订单还没有成交？"（一个疑问/手托下巴的表情符号），"事实上，我想取消这个订单"（一个带斜线的红圈表情符号，通常被称为No符号）。它不是自由形式的，因为它不是一个真正的聊天功能，但它确实相当有效地解决了常见的询问。此外，该应用程序会提示个人定制自己的个人资料，询问客户有关首选投资工具、首选行业和其他因素的问题，以定制文章和提出建议。该应用程序持续辨认每个投资者的个性，并以朋友的方式建立个人联系，让每一件事都充满吸引力、友好，最重要的是，用简单的英语，用几乎像游戏一样的图形自动化，这对它主要的数字原生用户群来说又是熟悉和舒适的。

正如从其他品牌所观察到的，罗宾汉的成长故事并非没有争议。认识到年轻的千禧一代和Z世代对替代金融科技模式的偏好趋势，罗宾汉申请了银行牌照，在2018年12月，推出了支票和储蓄账户，承诺在当时有3%的超高利率；在宣布时，持牌银行的储蓄账户的最高利率是2.36%。然后罗宾汉声称这些账户将由证券投资者保护公司（Securities Investor Protection Corporation, SIPC）承保，但SIPC否认了这一说法。这导致罗宾汉从它的网站上撤下了这个产品，取消了等待名单。9个月后，罗宾汉推出了由联邦存款保险公司（Federal Deposit Insurance Corporation, FDIC）承保的现金管理产品，利率为2.05%，仍然高于当时传统银行提供的平均利率。罗宾汉在2020年3月发生了一次重大故障，导致网站在股市历史上最活跃和最不稳定的时期之一——主要是下跌——三次瘫痪，导致其客户无法对暂时的暴跌做出回应或反应。值得注意的是，这些事件几乎没有减缓用户增长的势头，这证明了罗宾汉体验的人性化以及这种人性化体验所带来的忠诚度。

罗宾汉管理的总资产，也就是经纪公司典型的规模衡量指标，比大公司要小得多，但考虑其模式是为了吸引小投资者的注意和参与，这并不奇怪。值得注意的是，截至2021年第三季度，罗宾汉的用户基数超过2200万，这使其成为市场上的一支力量。这一成功的很大一部分可以归功于其对人性化体验的持续关注，以及其与不熟练的和新手投资者建立联系的能力，偏向于在数字世界中成长起来的年轻一代，这些用户期望从注册到服务都能享受这种类型的体验。

我们很容易反思罗宾汉的故事，并将其视为一个"数字化第一"品牌的例子，因为罗宾汉没有受到传统品牌的基础设施或固有成本的负担，而使市场其他品牌黯然失色。然而在现实中，情况并非如此。任何现有的企业都可以扩展他们的产品，以复制罗宾汉开发的产品，而且罗宾汉会因为拥有现有的基础设施而得到加持，这些基础设施远比它在早期精益创业期更强大。"数字化第一"的品牌当然有灵活性，但这种灵活性是有代价的，包括缺乏运营资本，资源有限，以及从零开始的流程。我可以根据个人经验说，在早期经营一家初创企业有时会很混乱，但正是这种灵活的文化使这些企业更具优势。

还有一个被提到的论点是，罗宾汉通过一个特殊的、无利可图的产品占领了市场份额。2014年罗宾汉确实通过提供零成本交易占领了最初的市场份额，但大型券商饶有兴趣地赶上了，并在几年后提供了同样的服务。是的，罗宾汉确实有一个不同寻常的报价，但报价是出于这样的认识：对许多临时交易者来说，每笔交易收费是一个进入的障碍，而对经济可行性来说这种收费不是必要的。

罗宾汉的持续增长在很大程度上是由于对人性化体验的持续关注，以及坚定不移地专注于满足客户的需求，提供必要的工具、信息和透明度以鼓励参与、承诺和最终的忠诚度。

⤳ 有效的人性化

那么，从罗宾汉的故事中可以学到什么？在你制定人类需求—体验战略时，有五个经验可以利用。

正如本章所详细讨论的那样，第一，最重要的是要了解你的品牌的目标人群和可满足的市场。这必须包括明确的和隐含的需求，所以它超越了市场调查和净推荐值（Net Promoter Score, NPS）口碑分析，需要从心理学和行为科学的视角深入观察人口和社会经济发展趋势。一旦你对品牌的可行市场有了了解，你就可以把这个市场的消费者分成几个细分市场，并配以相关的人物画像，据此对品牌和产品战略进行评估。这样，你的品牌就可以根据这些人物形象和他们特定的情感触发器来聚焦于体验设计，更具体地说，就是将体验人性化的设计。例如，罗宾汉认识到，它不可能说服高净值投资者，甚至是富裕的投资者，将他们的资产转移到罗宾汉刚起步的平台。在没有成熟的金融服务实体支持的情况下，建立信任和信心的要求太高了，难以达成。同样罗宾汉也认识到，许多新手投资者由于对未知的恐惧和最低门槛以及每笔交易成本的要求而被排除在市场之外。因此，罗宾汉构建了新的产品，以解决这些金融障碍，然后设计其界面，以专门针对、吸引、激励和保留新手投资者，他们可能更年轻，但精通数字技术，并对"传统"金融机构有一定的戒心。

第二，重要的是绘制整个客户体验图，认识到在这个后数字化转型时代，旅程可能不是线性的。鉴于搜索引擎结果的丰富性，以及搜索平台的范围，包括谷歌、油管、脸书、亚马逊回声等，再加上行业和特定的搜索平台，如Yelp、HealthGrades、Open Table等，客户将通过一系列的渠道与品牌接触，这些渠道提供的信息和观点已经建立了他们对你品牌的认知。虽然不可能预料到每一个切入点，但至关重要的是，你要认识到今天客户参与进来和离开的本质，并认识到客户不会遵循一个固定的路径。通过使你的体验人性化，你可以根据访客的位置引导他们到旅程中的正确位置，而不会让他们感到沮丧，导致他们放弃你。利用客户关系管理数据的优势，鼓励客户表明自己的身份，这将使您能够在您认为已被忽略的地方与客户进行互动。然而，对于那些喜欢匿名的客户，请使用简单的英语和清晰的说明，提供一条通往您体验中理想点的路径。把它看作是你的品牌迎宾员的数字化版本，其作用是回答任何问题，并最终引导游客到他们想去的地方。罗宾汉在这方面相当擅长，它提供深度链接访问（从搜索引擎和其他来源访问特定的功能页面），允许专家用户执行某项功能或完成查询，但同样为那些错误地或盲目地登录到该地点的人提供导航，让他们回到旅程的起点。人性化的一个例子是向直接登录深层链接页面的访问者提出一个简单的问题："不知道您是如何来到这里的？我可以帮助您。"然后，这将链接到主页，或者更好地，问一个简单的问题："您想做什么？"同样，这感觉比只是在顶部或左侧显示一个基本的菜单更有互动性和智能性。同样的方法适用于所有渠道；例如，如果你有亚马逊智能语音助手艾莉克萨并且要让它执行基本任务，请确保艾莉克萨能理解普通英语。不要强迫你的客户重温交互式语音应答（Interactive Voice Response, IVR）监狱般的可怕日子——配置你的语音界面，以多种方式解释含义，这将对转换率产生巨大影响。

第三，正如罗宾汉的例子所强调的，也是许多接受这一理念的品牌所体现的，使用数字化平台上标准的通用设计模式和互动模型。例如，罗宾汉采用了一个让人感觉与WhatsApp和iMessage相同的消息界面。罗宾汉的应用程序也遵守苹果公司的人机界面指南（Human Interface Guideline, HIG）设计标准，包括MacOS、iOS、watchOS和tvOS（苹果旗下的笔记本计算机、手机、手表和电视）的标准，这使应用程序感觉更加直观和自然。然而，要谨慎行事，因为你不想落入卡莱塔在本章早期所强调的商品化陷阱。关键是要保留独特的身份和个性化的体验，以有效地确定你的品牌定位，但即使基本的互动方法是常见的，语气和风格也可以是独特的。

第四，不要忘记你的数据的价值。人类在面对面的互动中自然而然地收集信息，无论是有意识的还是无意识的。从讨论和交流的内容到面部表情和说话的感染力，一切都在其中。数字体验还不具备这种能力，尽管有一些新兴技术正试图将这种能力推向市场。就目前而言，数据需要取代人类的直觉，而由人工智能加强的分析可以帮助剖析客户、预测需求，并定制互动，使其更加自然。罗宾汉在这方面非常有效，能够提前让客户创建个人档案并指定感兴趣的领域和专业领域。罗宾汉在最初的时刻就开始定制应用体验，然后在随后的每次互动中继续定制体验。这仿佛是一个出色的销售人员或客户服务代表在与潜在或已有客户建立关系时的自然表现。

为此，不要忘记数据驱动的洞察力对于你的人际互动的价值，因为它将使你的团队能更有效地满足客户的需求。在今天的后数字化转型时代，人们认为互动会无缝地跨越数字和实体，而你的数据存储是体验的交汇点。

第五，不要忽视整体的品牌战略，以及它如何随着时间的推移与体验战略保持一致。有很多例子表明，一些品牌对他们的数字化体验进行了彻底的改革，以反映现代的功能或设计标准，但在这样做的时候，却忽略了定义品牌的风格、语调和形象。当客户访问并发现一个新的体验时，这不仅让他们感到吃惊，而且如果体验的声音和风格完全改变，也会让他们感到沮丧，就像同样的客户走进办公室、分支机构或商店，发现员工的外观、语调和风格完全改变一样。继续与市场同步发展，继续创新和扩大每个渠道的信息和能力是至关重要的，但在这样做的时候，同样关键的是要立足于整体战略，和当前对目标市场的期望和需求的理解。罗宾汉在其短暂的历史中全力支持了这种理念，保持对其目标市场的关注，并在多次转型中保持其独特的语调和风格。这创造了一个适合其目标市场和定义的市场形象的体验策略，并且在其持续增长的轨迹中从未动摇过该策略。

第九章

将客户与事业联系起来

现代品牌管理中最重要的转变之一是对企业社会责任的接纳和强调。正如蒂姆·斯托比尔斯基（Tim Stobierski）在哈佛商学院的一篇文章中所定义的那样，"企业社会责任（Corporate Social Responsibility，CSR）是指企业不仅有责任为股东创造价值，而且还应该设法使其所在的更广泛的社区受益的概念"。他说的再好不过了。

今天的品牌认识到，现代消费者要求了解公司的立场以及他们如何阐述这些价值观。在过去的10年里，这已经扩大到对品牌以某种方式为改善社会做出贡献的期望，而客户也在寻找行动中的透明度。对于年轻一代——即千禧一代和Z世代——来说尤其如此，他们正在迅速成为B2C和B2B市场的消费力量。本书当然不是一个涉足各种社会和地缘政治问题的论坛，所以我不会特别说出任何具体的事业或倡议，但我只想说，在过去的几年里，品牌一直在积极从事一系列的社会事业，有些是永久性的，有些则是当下特有的。

拥抱企业社会责任

尽管如此，企业社会责任以及更广泛的机构社会责任的想法并不新鲜。《国际企业社会责任》杂志（*International Journal of Corporate Social Responsibility*）概述了企业社会责任背后丰富的历史，其根源可以追溯到古罗马社会，并经历了不同的历史时代，包括中世纪、维多利亚时期以及最近的工业革命到20世纪上半叶。学术界、市政部门和宗教机构在特定的社会中要从事各种社会事业，通常以穷人、残疾人和孤儿为重点。随着公司概念的出现，早期的品牌也接受了企业社会责任的理念，包括梅西百货，它早在1875年就为孤儿院做出了贡献，还有普尔曼豪华汽车公司（Pullman Palace Car Company），它在1893年创建了一个模范工业社区来改善员工的生活质量。

在20世纪70年代，社会责任的概念真正开始受到人们的关注，当时全世界都在组织抗议社会中的不公正现象。当然，这一时期是由动荡的20世纪60年代演变而来的，当时年轻一代的定义标签就是对权威的反叛。美国在许多问题上出现了分歧，最明显的是越南问题，但也涉及其他一些公民和社会问题。政治、音乐和流行文化的潮流发生了变化，1967年旧金山迎来了爱之夏（summer of love，美国著名的嬉皮士运动），1969年在伍德斯托克（Woodstock）又迎来了伍德斯托克音乐节（Woodstock festival）。这不代表全部美国人，当然也不代表全世界人，但这一代人中有相当比例的人开始重新定义他们认为重要的东西，以及该如何表达自己的价值观。1970年，美国庆祝了第一个地球日，重点关注企业污染，如石油泄漏、有毒物质倾倒和化石燃料排放。这些努力导致在美国建立了几个监管机构，包括环境保护局（Environmental protection Agency, EPA），以及世界各地的其他监管机构。这反过来导致了对公司的新要求和限制，迫使公司做出改变。其他类似的抗议活动，以及类似的监管规则，也在世界各地实施。许多公司试图挑战这些法规和变化，认为这些规定会导致公司成本的增加和相关的制造和分销流程的复杂转换，这些结果会损害经济。但许多品牌迅速认识到，对新规定的抗拒会失掉公司目标市场中的一个巨大而重要的部分。尽管他们是被迫做出改变以满足监管要求，精明的公司认识到，突出这些改变是有品牌价值的，使用"清洁"和"生态友好"等词汇来促进他们的社会责任，并将此作为品牌形象的一部分。尽管我只能看到公司编辑出来发布的公告，没有找到其他可供参考的特别的见解或文件，但我们不难推测，许多品牌在公开信息传递中表明对这些社会事业的接纳，但在公司的董事会和行政办公室中却暗中与之较劲，因为那里的重点仍然是利润和为股东创造价值。

这种情况在20世纪70年代末发生了变化，当时出现了一些对企业社会责任采取不同反应的品牌。这些公司不只是简单地表达他们对社会问题的支持；他们将这种社会责任融入公司核心。他们建立在社会事业的基础上，而且这种精神渗透到品牌、产品和运营的各个方面。

其中一个例子是本杰瑞（Ben & Jerry's），这是一家1978年在佛蒙特州成立的冰激凌制造商。从一开始，本杰瑞就坚持"公司对社区和环境有责任"的口号。该公司将其品牌建立在一套明确的核心价值观上，并在产品开发、运营和员工发展的各个方面贯彻这些价值观。对外，它在1985年开始将其税前收入的7.5%捐给社会事业，它支持绿色和平组织和美国越战退伍军人等多种事业。它自豪地投资于基于社区的产品，包括佛蒙特奶牛场可持续发展项目，并且它在整个生产过程中提倡使用公平贸易产品。与美体小铺一样，本杰瑞的母公司联合利华继续拥护该品牌对企业社会责任的承诺，并在今天继续它的实践。

在数字化转型时代到来之前的几十年里，还有许多其他公司案例，它把品牌立基于商业道德和标准之上。这些公司往往建立在其创始人的愿景和激情之上，他们看到了支持社会事业的机会，并围绕这一机会建立了自己的业务。软件营销部队（Salesforce.com）的创始人马克·贝尼霍夫（Marc Benihoff）以其对慈善事业和慈善捐赠的关注而闻名，软件营销部队基金会的成立就是为了支持一系列非营利组织和教育机构。汤姆布鞋（Toms Shoes）开创了所谓的"一对一"模式，每卖出一双鞋，就向贫困人群赠送一双鞋。该公司在2019年退出了这一做法，但之前它捐赠了超过9500万双鞋。现在，根据其网站上醒目的"影响"板块，它将33%的利润投资于基层工作、在地方一级创造变

革的组织以及从头开始推动进步的团体。塔可钟基金会（Taco
Bell Foundations）已向希望投资于其事业的个人提供了超过1.14亿
美元的赠款和奖学金。

　　有趣的是，这些品牌中的每一个都拥护其事业，有时甚至损
害了其财务业绩。有一些博客和金融出版物的文章强调了这些举
措对公司底线的影响，但鉴于这些公司继续强调他们的企业社会
责任愿景，很明显，他们并不只是为了业绩而存在。这种对事业
的承诺程度确实令人印象深刻，为此我向他们致敬。

从品牌形象转向社会事业

　　然而最近，市场上出现了一个根本性的转变，与20世纪70年
代初出现的转变并无二致。正如20世纪70年代初，人们对社会问
题和公司对社会问题的影响的关注，特别是但不限于年轻的新兴
一代，今天的消费者——主要是千禧一代和Z世代，但又跨越了所
有人群——在过去几年中，人们对品牌和公司所表达和信奉的整
体理念和具体社会责任的关注度显著增加。

　　20世纪70年代早期和2020年之后有一个明显的区别，在讨论
其对品牌体验战略的影响时，理解这个区别是很重要的。20世纪
70年代初，是从20世纪60年代延续下来，通常被描述为一个不信

任的时代。那是一个"我们"与"他们"，"大卫"（David）与
"哥利亚"（Goliath）（出自《圣经》里以弱胜强的故事）的时
代。人们将公司和品牌视为是邪恶的。同样，并不是每个消费者
都有这种感觉——远非如此——但有一定比例的人认为应该采取
行动。2020年可以更好地描述为一个调整的时代。今天的消费者
正在寻求与跨行业、跨地域的品牌接触，这些品牌表达了对他们
有意义的愿景和目标。在许多方面，客户关系已经从与品牌本身
的情感联系转移到与品牌的社会事业的情感联系。同样，这不是
每个消费者的情况，但这绝对是千禧一代和Z世代人口中的一个重
要比例，值得采取行动。

这种转变是戏剧性的和明显的。根据2019年美国家庭人寿保
险公司（American Family Life Assurance Company of Columbus，
AFLAC）的一项研究，77%的消费者有从致力于让世界变得更
好的公司购买产品的动机。德勤最近的一项调查显示，70%的千
禧一代承认，一家公司对社会责任的承诺影响了它选择在那里工
作。《福布斯》在2019年的一篇文章中强调："今天的消费者是
信仰驱动的。这意味着，与可能优先考虑价格或便利性的传统消
费者不同，他们希望看到在盈利的同时改善世界的品牌。2018年
爱德曼（Edelman）《赢得人心的品牌》（*Earned Brand*）研究报
告指出，这是一个世界性的现象。"

本书中讲到过的品牌在全力支持社会事业方面处于领先

地位。

亚马逊资助了一系列影响深远的项目：旨在实现包装、运输和运营方面的净零碳排放和废弃物的环境可持续性项目；确保工资公平、工人安全、性别平等和环境可持续性的供应链透明度项目；员工改善项目，以促进多元化和平等驱动的工作场所，提供奖学金和培训；以及社区外联项目，解决住房和食品不安全问题，提供教育支持，以及新冠疫情救济。作为世界上资本最雄厚的公司之一，亚马逊认识到为当地社区和全球社会付出和回馈的重要性。

耐克公司已经支持了一些重要的社会事业，包括在2018年开展了题为"保持信仰，哪怕它会让你牺牲一切"的运动。

露露乐蒙，像许多现代品牌一样，注重可持续发展能力和环境影响，在其网站上突出强调："我们与自己、彼此和我们的工厂紧密相连；每一部分都在相互提升。我们的目标是通过有意识的选择、创新和合作来激发积极的变化，从而创造更健康的环境。"该网站详细介绍了一项供应链战略，即"解决整个运营过程中的温室气体排放问题"，这可能对全球社区、海洋、森林和生态系统产生负面影响，以及一项包装和废弃物战略，即"采取措施，尽可能地消除、减少、再利用或回收"。阿迪达斯和帕尼罗面包也在世界各地支持类似的、同样鼓舞人心的事业。

这些品牌是真正站在最前线引领趋势，每天都在全力支持和展示他们对社会和环境改善的承诺。虽然我们有理由相信，像20世纪70年代一样，有些品牌在公开表达对企业社会责任的承诺的同时，努力避免私下的实际投资，但在今天这个永远在线的社交媒体的世界里，维持这种策略要困难得多。员工毫不犹豫地公开透明地谈论雇主，如果他们的雇主没有表现出他们对自己所表达的事业的承诺，他们会很快被那些在日常工作中承担责任的人质疑和挑战。

然而，随着我们进入后数字化转型时代，消费者的期望也在继续发展。正如奥美体验的全球执行创意总监卡莉塔·麦克达德向我解释的那样，"在当今世界，你必须从品类转向文化；而且你必须让客户沉浸在文化中"。与品牌的情感联系通过这种文化联系得到加强，现在，后数字化转型期的消费者并不只是寻求与支持其价值观和文化的品牌联系。他们希望与那些为消费者自己提供机会来影响与他们有关的社会事业的品牌建立联系。与品牌联系的其他要素一样，企业社会责任已经从单纯的品牌传播举措转变为品牌体验举措。

真实和主动的领导力

到目前为止，本书所讲述的所有品牌都是在最前线引领满足了让人们——潜在客户、已有客户和员工——直接参与其事业的需要。然而，有一个品牌在全力支持这项事业方面超越了其他品牌：巴塔哥尼亚（Patagonia）。

巴塔哥尼亚的起源故事与许多人想象的有点不同。伊冯·乔伊纳尔（Yvon Chouinard）和汤姆·弗罗斯特（Tom Frost）这两个登山爱好者作为创始人共同组建了乔伊纳尔装备公司（Chouinar Equipment），共同致力于为全球登山运动制造一套更好的登山工具。他们被认为是设计和开发了至今仍被用于攀岩的攀岩六角塞（Hexcentric）。由于创新和在行业内的名气，到1970年，其迅速成长为美国最大的攀岩硬件公司。

在这个最早的阶段里，伊冯和汤姆证明了他们对环境的承诺。1970年，用他们自己的话说，"乔伊纳尔装备公司……已经成为一个环境破坏者，因为它的装备正在破坏岩石。同一处脆弱的裂缝在岩钉放置和移除的过程中不得不忍受反复的敲击，而且会被破坏得很严重"。这导致乔伊纳尔装备公司最大限度地减少了占其70%营业额的岩钉业务，但两年后，他们推出了铝条底鞋，这是一个很大的改进。这项推陈出新得到了回报，到1972年，铝条底鞋的需求超过了乔伊纳尔的生产能力。乔伊纳尔的这一转折并不是由于政府的管制被迫进行的，而是主动的，确认其核心关注点和公司理念是保护产品使用的环境。同年，巴塔哥尼亚公司开始生产服装产品，这已成为品牌的基础。现在随处可见的巴塔哥尼亚标志是于1975年推出的，其形象特征是位于阿根廷和智利之间的巴塔哥尼亚地区的菲茨罗伊山（Mount Fitz Roy）的剪影，巴塔哥尼亚开始投资于环境事业，包括清理文图拉河（Ventura River）的工作。这是巴塔哥尼亚公司最终赞助和投资的许多保护和清理工作中的第一个。

然而，巴塔哥尼亚公司对社会事业的关注并不仅限于环境方面。1983年，巴塔哥尼亚是第一批为员工提供现场托儿服务的公司之一，它在1984年开设了一个现场食堂，为员工提供有机食品。在接下来的三十年里，它继续在外部和内部发挥着领导作用。它的旅程并非没有挑战——1991年，在那十年开始的经济衰退期间，巴塔哥尼亚濒临破产——但总的来说，它已经能够实现增长的曲线，建立一个在市场上具有独特价值的全球品牌，并在一些对公司、创始人和员工都很重要的事业上产生重大和可衡量的影响。

吸引和激励社区

这就把我们带到了目前的后数字化转型时代，这是一个以体验作为潜在客户接触品牌入口的转折点。远远早于大多数组织，巴塔哥尼亚几年前就认识到，对地球的积极影响和对员工的积极影响需要人们的参与。此外，巴塔哥尼亚知道它的社会责任承诺是一个让其社区和客户参与的机会，公司扩大投资，创造消费者可以直接参与的体验。这反映在其网站上，巴塔哥尼亚将其一半的导航空间用于与支持环境和参与自然的公司使命相一致的体验：行动主义和故事。

巴塔哥尼亚的在线体验中的"行动主义"部分提供了以亲人的名义向慈善事业捐赠资金的机会，创造了一个远远超出捐赠价值的礼物。它提供与环境行动相关的活动、请愿书以及志愿服务机会的清单。所有这些都以类似点评网站Yelp！的体验方式展示出来，你可以输入你的位置，看到你可以加入的环保团体的名单，你可以参加的活动，进行反馈并产生影响，或者只是与志同道合的人联系。页面的这一部分很少有巴塔哥尼亚的品牌，但通往该页面的途径很清楚，巴塔哥尼亚显然获得了光环效应的好处，其范围超出了事业本身。这是一个创新的方法，通过提供不仅是现金捐赠或承诺证明的机制来推动对其赞助事业的投资，它正在利用这一体验在其客户群中建立无与伦比的忠诚度。

该网站的故事版块满载着鼓舞人心的经历。虽然与社会事业没有直接联系，但它都是人们与环境接触的音频、视频和文字故事。正如该网页目前所描述的那样，"与你喜欢的人分享经验和精彩的故事。它可以加强你们的联系，并激励你们采取行动。这里有几个我们认为值得分享的故事"。 目前有一个有特色的故事，"狂野的生活"（*Life Lived Wild*），被列为五分钟的阅读，描述了瑞克·里奇卫（Rick Ridgeway）的生活，他被《滚石》（*Rolling Stone*）杂志称为真正的印第安纳·琼斯。这是一个迷人的故事，配有高分辨率的照片，背景中有让登山者和徒步旅行者欣赏的令人叹为观止的风景，这无疑激发了户外爱好者的户外活动心理。直到故事的结尾，你才会在作者的传记中发现，瑞克从2005年开始，花了15年的时间，在巴塔哥尼亚公司监督环境事务。在写这篇文章时，网站上的另一个故事"值得吗？"是由道格·皮科克（Doug Peacock）撰写的，他是美国的自然学家、户外运动者和畅销书作家，曾共同创立了七个保护组织。这个网站上的故事有趣、引人入胜、易于阅读且鼓舞人心。

除了印刷品故事外，还有几部长度不等的电影——从10分钟到40分钟不等——他们同样引人入胜。我花了10分钟看了一部名为《奔跑吧，让人看见》的视频，其中叙述者和主要人物莉迪亚（Lydia）谈到了跑步和她在图森（Tucson）附近的社区文化。这里居住着与土地有着紧密联系的原住民。她谈到了发展和采矿对这片土地的影响以及这对她和社区意味着什么。这很吸引人，信息量大，也很鼓舞人心。这些影片吸引访问者留在网站上，探索其他视频。它所增加的价值远远超过了传统的品牌价值，自然而然地在访问者、消费者和巴塔哥尼亚品牌之间建立起了情感联系，同时，这也表明了巴塔哥尼亚对社会责任的承诺。

　　值得注意的是，巴塔哥尼亚仍然是一个从事服装销售的品牌，尽管当你在网上和店内参与其体验时，很容易就会忘记这点。巴塔哥尼亚的社会事业信息足够强大，以至于产品和商品销售几乎成为次要的，但其效果是显著的。它将热衷于同一事业的消费者与品牌联系起来，并激励消费者成为客户，同时为环境做出贡献——巴塔哥尼亚将收入的1%捐给社会事业——因为数字化体验正是如此，其提供的体验价值远远超出了产品购物和商业功能。

◎ 对事业的承诺

　　巴塔哥尼亚的故事是一个由品牌推动更庞大事业的特殊例子，它本身就代表了一个警世的故事。在今天的后数字化转型时代，重要的是要定义和阐明你的品牌在世界上代表什么，以及品牌如何以某种方式、姿态或形式对世界产生积极影响，但同时，这需要是一个公司将全力支持的事业。与20世纪那些由于监管限制而被迫采取改变的公司不同，如果你的公司只阐述了宣言，而没有用明确的行动来支持这种宣言，社交媒体和其他实时沟通渠道的力量将使品牌暴露。如果你要致力于企业社会责任战略，无论是在外部世界还是在员工内部，一定要确定你的整个组织将真正致力于你所表达的承诺。如果承诺不存在，无论什么原因，最好不要参与，因为负面效应可能对品牌造成破坏。

如果品牌准备致力于这项事业，不一定非要像巴塔哥尼亚那样倡导高水平投资，因为它是建立在环境保护的基础上的。通过体验本身为品牌创造卓越的机会仍然存在，只要忠诚不是以事业为代价来培养的，那么支持一项推动积极结果的事业和利用该事业来创造更深层的品牌忠诚度是完全可以接受的。虽然我赞赏巴塔哥尼亚公司坚定不移的关注和承诺，而且市场已经以忠诚度和品牌价值的形式回报了这种承诺，但也有可能从较小的、渐进的步骤中获得价值。这是从巴塔哥尼亚的故事中可以得到的关键经验。

例如，在最低水平的时间投资中，消费者可能会决定为该事业贡献一些钱，这是品牌通过基金会和其他方法遵循的常见模式。为了扩展这种体验并与个人建立联系，可以考虑巴塔哥尼亚所采用的方法，而不仅是提供一个收集捐款的机制，为捐款者提供一个机会，让他们看到他们捐款的影响。一种方法是通过一个数字可视化工具，跟踪特定的捐款和特定的结果。即使是像温度计一样简单的东西，显示所有的捐款是如何帮助实现货币目标的，然后显示投资的结果，例如捐款资助的新学校的视频，都会把人吸引到慈善事业的体验中，并与慈善事业和品牌建立更大的情感联系。

对于稍微多一点的时间投资，也许可以提供一个机会让消费者直接参与到这项事业中。赞助一个影响你的事业并推动积极成果的活动，然后邀请一部分人——可以是只邀请消费者参加的活动，也可以是对社区的全体呼吁——参与其中。这是一个将营销资金投入到推动更大利益的活动中的机会，同时与客户建立更深的情感联系。

此外，请记住，体验不需要以直接的慈善活动或捐赠的形式出现。对于那些与你的目标相一致的人来说，教育是有价值的，可以提供机会让他们去了解更多，也许通过线上或线下的互动体验，消费者可以更好地了解什么是驱动的原因。文章和视频是很好的参与方式，如果再加上互动体验，将会把现有客户和潜在客户带回品牌。这对品牌和事业来说都是双赢的，并使你与目标市场以一种积极的、高度增值的方式联系起来。关键是要致力于并专注于积极的结果，但是同样要记住，公司的存在仍然是为了提供产品或服务。通过体验将两者结合起来是一个令人兴奋和鼓舞人心的获得增长、客户忠诚度和员工忠诚度的方法。

第十章

展望未来

本书的第四章到第九章涵盖了品牌采用的六个关键策略，通过体验策略来吸引客户的注意力，推动客户的承诺，并最终培养客户的忠诚度。在这个后数字化转型的新时代，当我们无法预测客户何时以及如何与你的品牌接触时，采用这些策略中的一个或全部，很可能会对你在整个客户漏斗中的营销和销售关键绩效指标（Key Performance Indicators, KPIs）产生积极影响，让更多的客户参与评价性对话，鼓励更多的客户进行交易和承诺，而且一旦转化，会激励这些客户既回归品牌，又会在公共论坛上为品牌进行宣传。

然而，当我和客户一起确定他们的体验策略，并为这个快速变化的时代勾勒他们的方法时，谈话不可避免地转向这样一个问题："这些策略很好，但世界一直在演变。接下来我需要准备什么，我今天就可以开始投资了吗？"这是一个很好的问题，也是我鼓励每个品牌去探索的问题。虽然有大量的营销活动是你的团队今天能够而且应该投资的，但重要的是要着眼于未来，考虑有什么机会可以让你的体验与众不同，创造新奇，展示创新，并在整体上加强你的品牌战略。

实话实说，所谓对未来的预测，只是一种有根据的猜测而已。正如讽刺作家P. J. 欧鲁克（P. J. O'Rourke）的一句名言："预测创新是一种自我否定的做法：最可能的创新可能是最不创新的。"换句话说，如果你已经看到一个未来的创新被采用，你很可能已经晚了一步。其他人已经在那片土地上耕耘，证明了它，并抓住了市场的早期想象力和注意力。

带有大 I 的创新

正如第七章"找到满足市场需求的新方法"中所讲述的那样，创新是至关重要的，需要成为一个持续关注的领域，但同样也是一个明智的投资领域。可以从全球展会中收集出色的体验思路，包括每年1月在拉斯维加斯举行的消费电子展（Consumer Electronics Show）和每年2月在巴塞罗那举行的世界移动通信大会（Mobile World Congress），以及前瞻性出版物上的文章、对市场的观察和团队中的创意想法。也就是说，创新这个词本身很容易让人混淆。第七章中讲到的新方法实际上是渐进式创新，或"小i的创新"：它是战略性的，具有高度影响力，但它是渐进式的。

本章的重点是变革性创新，或者说是"大I的创新"。这些想法包括将品牌体验带入一个新的领域，采用全新的渠道范式，重新思考数据的利用，以及关于如何与客户互动和建立忠诚度的新观点。

　　有趣的是，在寻找这种层次的灵感时，科幻小说是一个很好的来源。标志性的作家艾萨克·阿西莫夫（Isaac Asimov）经常被认为预言了10项重大的进步，这些进步如今都已经成为现实。《少数派报告》（*Minority Report*）和《终结者》（*Terminator*）等电影反映了基于手势的界面、先进的可穿戴技术和AI驱动的互动的潜力。谷歌甚至回到最初的《星际迷航》（*Star Trek*）科幻系列中寻找灵感，谷歌副总裁兼高级搜索工程师阿米特·辛哈尔（Amit Sinhal）在2012年跟伦敦的《每日邮报》（*Daily Mail*）说："……公司从科幻系列《星际迷航》中得到灵感，开发了'无处不在的计算'概念，将小工具融入用户的日常生活中以对问题做出无缝反应。"最终，这激发了一系列解决方案，如AI支持的谷歌鸟巢（Nest）音箱，谷歌智能电视和谷歌眼镜。辛哈尔在《每日邮报》的采访中承认，谷歌眼镜的部分灵感来自《星际迷航》的乔迪·拉弗格（Geordi La Forge）中尉，他戴着可穿戴设备来弥补角色的失明设定。

　　也就是说，有一些公司处于独特的地位，能够真正进行大规模的实验。看看FAANG（脸书、亚马逊、苹果、网飞和谷歌）公司：如前所述，谷歌的母公司字母表就是这样一家公司。苹果是另一家，亚马逊是第三家，而脸书的母公司Meta是第四家。这些公司已经建立了以前无法想象的市值和现金储备，他们利用这些资本来探索未来的潜在应用。这种由好奇心驱动的投资至关重要，因为如果没有这种创新，我们很可能会陷入商品化的陷阱，因为所有品牌最终都会追平渐进式创新。正如卡莉塔·麦克达德在第九章中说的那样，在数字化转型的早期就发生过这种情况，当时技术的发展速度没有应用实现的那么快。但随着网络界面、移动连接以及数据和分析的改进，技术进步再次迅速来临。

📨 预测有时会错失良机

这些高资本化公司为什么仍然投入变革式创新领域，部分原因是因为有几个想法没有达到目标。对于那些一直关注体验行业的人来说，众所周知，许多创新没有成功，往往是由于时机不对，或者仅是由于对市场的需要和需求判断错误。这是第七章的关键一课：不要畏惧失败，否则会限制你成功的能力。渐进式创新和变革式创新都是如此。

最具前瞻性的解决方案之一是谷歌眼镜，它是一种支持增强现实的可穿戴设备，旨在将数据和交互功能叠加在透明的眼镜内。谷歌眼镜在2013年作为试点推出，并在2014年大规模推出，它是一个经过深思熟虑的解决方案，似乎满足了市场的需求，因为员工和消费者都需要更智能的可穿戴设备，更有效的互动方法，以及可实时访问的场景数据。设计工作室和体验机构，包括当时我所在的机构，都在探索最先进的可能性，主要集中在商业应用上，数据可以叠加在现实世界的物体上，以帮助员工完成一个流程。我的团队当时创造的一个值得注意的实验性解决方案是，假想一个保险理赔员看一栋建筑时，能通过他戴的谷歌眼镜立即看到关于建筑物本身的已知信息，以及该建筑所在的土地、所在的地理区域和附近的建筑。从理论上讲，这个管理和操作过程无须动手，可以使该员工能够同时进行其他工作。这是一个出色的生产力解决方案。其他机构和设计小组也提出了同样聪明的应用方案，可见实用性之强。

不幸的是，尽管有这样的实用性，谷歌眼镜并没有获得增长。主观评价表明，人们对产品外形持否定态度，佩戴者被称为"戴眼镜的书呆子"（glass geeks, gleeks）甚至"玻璃洞"（glassholes），而在佩戴者的周边视野内呈现的信息和视觉效果被认为过于分散注意力。幸运的是，该产品仍在开发中，最近的企业版产品在2019年发布，因此潜在的效果可能仍会实现。谷歌眼镜也成为最近许多小型专业供应商发布的增强现实可穿戴设备的灵感来源。我个人认为，一旦人们准备好接受这种解决方案，这项技术最终将被全球的人们广泛采用（第七章中强调了这一经验）。

另一个有远见的创新最终也泡汤了，那就是苹果公司的牛顿机，它比iPad早了15年。牛顿机配备了集成手写笔、手写识别和一系列为专为操作系统编写的应用程序，是最初的个人数字助理之一。牛顿机在体积和灵活性方面都很独特，主要被设计为生产力的补充设备，它有一个功能丰富的日历和待办事项管理器，一个可以与台式计算机同步的联系人数据库，一个允许用户通过打字或手写识别创建小文件的笔记应用程序，以及一个可以捕捉手绘草图的形式自由的绘图应用程序。牛顿机在医疗服务行业获得了早期认可，因为它是一个方便的工具，可以让医护人员在查房和与病人互动时做笔记。

不幸的是对苹果公司来说，牛顿机的市场采用率相对较低，手写识别的公开失败〔在电视节目《辛普森一家》（*The Simpsons*）和漫画《杜恩斯伯里》（*Doonesbury*）中被讽刺过〕以及来自更小尺寸、更低价格的掌上计算机（Palm Pilot）的激烈竞争，后者很可能受到牛顿机功能的启发。由于史蒂夫·乔布斯的影响，牛顿机项目被搁置了。然而，它并非没有戏剧性的影响，因为牛顿机成为苹果公司未来包括iPhone和iPad在内的触摸和手势设备的主要设计灵感来源。

有趣的是，2013年马特·霍南（Mat Honan）在《连线》杂志的文章中引用了《杜恩斯伯里》连环漫画的创作者加里·特鲁多（Gary Trudeau）的话，他决定把牛顿机这一段迷幻的失败史加进漫画里，稍微套用一句话，用700美元的计算机取代一个5美元的好笔记本似乎是一个容易的目标。这表明，个人或团体看不到转型的潜力，这会限制设计和功能的真正进步。这让我想起了我的一段个人经历。20世纪90年代，我曾与一家世界财富100强公司的首席信息官（出于尊重，我不会说出他的名字）会面，讨论互联网支持的联络中心解决方案和跨虚拟中心的无缝整合潜力。我们开始讨论新兴的互联网，他私下里说："整个互联网的事情只不过是炒作而已。人们不想在计算机上工作——我们是社会人，没有什么能取代面对面的互动。"如你所料，一年后他就不再受雇于那家公司，而整个公司在几年内就倒闭了。

⤳ 新兴体验趋势

有哪些新兴的趋势值得进行一定程度的调查和投资呢？对这个问题的回答需要一些条件，这就是为什么我在本章的前一节专门讨论了失败的原因。我会与我所有的客户分享这个条件，就是必须认识到预测未来是一种猜测的练习，这很重要。没有人能够猜到牛顿机会失败，但iPad会一夜成名。谷歌眼镜在正确的时间似乎是正确的解决方案，但它却演变成一个贬义词。同样，没有人能够猜到聚友和Google+会失败，但脸书会聚集近30亿月度活跃用户。还有许多其他拥有绝对出色技术的例子——魔幻跳跃（Magic Leap）的增强现实头盔就在我的脑海中——尽管这些解决方案设计精良，以市场研究为基础，并且在发布时相当创新和新颖，但仍未流行起来。因此，尽管后面的章节中讲到的想法和可能性代表了真正的潜在创新，但只有时间才能证明时机和市场需要是否一致。谁都无法保证这些投资的结果或回报。当你的品牌在评估一个新出现的体验趋势时，重要的是要适度投资，直到你的公司的资产负债表能够承受重大风险。就像渐进式创新一样，从受控的试点开始，在市场上衡量结果。同时，衡量市场对转型趋势本身的情绪，并设置阈值触发器，告诉你何时该继续投资或放弃这个想法。这个平衡点可以确保你的品牌体验保持新颖，而不会使公司本身处于糟糕的财务状况。

有了这个限定条件，我强烈建议我的客户在考虑客户体验在未来的发展方向以及它带来的机会时，开始探索和规划几个领域。本章的其余部分将研究这些新出现的体验趋势。

AI 支持的对话式界面

我相信，基本的请求——响应界面即将消亡。在整个数字化转型时代，大多数解决方案都是以这个概念为基础建立的。无论你是在搜索（输入搜索查询，接收结果）、探索产品和服务（点击这个链接，看到与链接相关的内容）、交易（点击这个按钮，完成交易），还是执行其他功能，其范式是你采取一个单一的行动，应用程序做出回应。高效的设计使通向特定结果的路径更加直观，因此个人可以快速浏览体验，节省时间并满足现代客户的需求。然而，它仍然需要一个路径，并且需要个人与应用程序的持续接触。

将语音界面和人工智能结合在一起的数字助理的发展是一个特别让人感兴趣的领域。尽管IBM公司在20世纪80年代率先推出了数字打字机，其词汇量为2万字，并在20世纪90年代初推出了第一个数字助理IBM西蒙（IBM Simon），但该技术其实是在苹果公司于2010年推出Siri后真正开始流行起来的。很快，IBM的沃森（Watson）、微软小娜（Cortana）、亚马逊的亚莉克莎（Alexa）、脸书的M、谷歌的G助手（G-Assistant）、阿里巴巴的天猫精灵和扬迪斯（Yandex）的艾莉思（Alice）也接踵而来。快速推广本身就验证了语音界面在市场上的吸引力，但现实是，该技术仍处于初级阶段。当这些工具超越简单的转录工具时，真正的机会就会出现，而且他们已经开始这么做了，我用iPhone发语音短信的频率远远高于用键盘发短信的频率。事实上，在过去的两年里，由人工智能支持的虚拟助手已经获得了巨大的吸引力。根据高德纳公司（Gartner）对2021年的预测，公司将在虚拟个人助理上花费35亿美元，到2025年，50%的知识工作者将每天使用虚拟助理。

更长期的、更大的创新机会是在创建一个人工智能赋能的对话界面，在多个请求中保持对话的背景。通常被称为智能助理或机器人，这种界面将有能力随着时间的推移而学习，根据个人资料和以前与个人的互动历史来定制回应，并推动一个跨渠道和跨任务的流程和解决方案。

不要把这与现在许多网络体验和智能手机应用中随处可见的聊天机器人混淆起来。这些工具可能是有效的，但他们需要被正确地部署，因为他们的智能是有限的（即使有人工智能的支持），并且通常遵循一个分支树模型。他们被设计为接受简单的查询，如"我的订单状态如何"或"我怎样才能修改我的密码"，但不能用于复杂的互动。一旦问题被提出和回答，聊天机器人就失去了上下文，实际上就是从头开始了。

我需要分享一个品牌的经验，这个品牌让它的聊天机器人走得太远了。我最近陷入了一个聊天机器人的迷局，当时我正在与一家我不常乘坐的航空公司互动，试图修改航班，但该网站一直回应"操作有误"。虽然我在另一家航空公司拥有最高的忠诚度，但这次旅行是在外国境内，所以我在这家公司唯一的身份是我的机票的票价等级所赋予的价值。鉴于我没有其他身份识别，我不想在联络中心长时间等待，所以我点击了网站上的帮助按钮，并被提示通过支持WhatsApp的聊天机器人与这家公司联系。当我向WhatsApp的电话号码发送消息时，一个聊天机器人界面做出了回应，问了一系列六个规定的问题，然后分支到四个子问题。当该应用程序最终断定我试图改变我的航班时，它提供了一个网站的链接。当我回答说网站回应有误时，聊天机器人说它不明白我的回答，并把我带回了主聊天菜单。最终，我被迫打电话到联络中心，在那里我等待了两个多小时，最后被挂断了电话，得到的消息是没有代理可以接听我的电话，它建议我通过WhatsApp联系。幸运的是，我最终在推特上联系到了一位非常有帮助的代理，他帮我修改了航班，但鉴于这次经历，可以想象我对这家航空公司的看法和忠诚度。

这些都是聊天机器人固有的局限性。人工智能赋能的对话界面在客户漏斗的两个预承诺阶段都很有用，智能机器人在引导性销售和推荐方面提供了极度的便利，同时也捕捉到了客户对交易后服务的需求。这个人工智能支持的机器人可以与客户进行实时跟进，在不同渠道之间进行充分互动。它有可能提供终极的亲密体验，有效地给每个客户提供一个7天24小时不间断服务的专门助理，在客户想要的时候，以他们想要的方式，以他们想要的速度与客户接触。尽管这是一个改变游戏规则的概念，但该技术将很快被广泛使用。

作为人工智能机器人影响的一个例子，想象一下与一个仍使用复杂的对话式人工界面的商业网站打交道。当您使用喜欢的渠道访问该网站或应用程序时，助手会询问他们能如何帮助您。也许您会问："我正在为我的姐姐寻找一份礼物。她更喜欢鲜艳的颜色，并努力跟上最新的潮流，同时也穿着40多岁女性流行的衣服。她的生日还有两周。有什么可供选择的，您有什么建议？"助理模仿人类销售人员，可能会问一两个澄清性的问题，确认您是否在想买一件具体的衣服，如毛衣，并可能询问尺寸。更有趣的是，助理可能会要求您在手机上搜索几张您姐姐穿不同服装的近照，并上传这些照片，然后人工智能工具可以扫描和分析，以评估具体的风格元素，并进行模仿。我们的目标是收集足够多的信息，以了解要求和目标，然后将其与尽可能多的数据结合起来，以个性化的建议产生最大的影响。

一旦收集到所有必要的信息，助理可以通过您喜欢的渠道向您发送建议。也许他们被推送到您的智能手机浏览器或应用程序，或者如果您愿意，他们会以短信或WhatsApp消息的形式发送给您。甚至更动态的是，他们被发送到一个虚拟界面，在一个头像上显示产品，这个头像可以旋转并以三维甚至模拟运动的方式观看，给您一个比静态图像更好的产品视觉效果。然后您可以问一些问题，如"这布料刺激皮肤吗？"或"这在我所在的地方流行吗？"继续对话和实时互动。您可能会认为没有一个产品符合您姐姐的风格，助理会很乐意进一步寻找其他选择。最终，您选择了您的礼物，助理就会代表您下订单。必要的话，助理会要求提供一种付款方式，确认账单和运输地址，并提供多种运输选择。

更有趣和强大的是，助理将在整个执行过程中与您和订单保持联系。您的助理不会发送带有跟踪号码的电子邮件或短信，而是在履约周期的每个阶段用定制的信息与您联系。如果有任何超出订单标准操作的情况（产品尚未发货，交货延迟等），助理将代表您与其他系统合作，追踪导致延迟的原因，并努力补救。一旦交货，助理将跟进以确保您对订单满意，并随时准备在必要时启动商品退货授权。

这是在实体零售的历史中，只有超级富豪才会享受的服务，主要是因为它不可能规模化。然而在数字世界中，随着计算能力、数据分析、人工智能和多分支应用逻辑的进步，这种体验可能很快就会普及大众。

这都是假设，我可以为商业银行、保险公司、医疗机构、酒店品牌以及几乎任何行业提供类似的应用案例。可以设计对话的语气和语调来反映您的品牌个性，但先进的人工智能机器人的潜力反映了后数字化转型的最终理想界面——它节省时间，它是新颖的，而且是人性化的。尽管今天的技术并不像《2001年：太空漫游》（*2001: A Space Odyssey*）中的哈尔（HAL，电影中的人工智能名字）、《霹雳游侠》（*Knight Rider*）中的凯特（Kit，电视剧中的人工智能车），甚至是《战争游戏》（*War Games*）中的WOPR（电影中的人工智能系统）那样复杂，但技术正在迅速发展中。我的建议是现在就开始，接受高德纳公司对虚拟助理采用率的预测，随着新功能的出现，站在创新的最前沿。根据迄今为止的采用水平，市场已经准备好进行转变，并将迅速探索和接受品牌率先引入的先进技术。

与此相关，但在我看来同样具有影响力的是键盘即将消亡。在我打这段话的时候，我意识到打字作为一种文字捕捉的手段是多么的低效。尽管我目前能以每分钟70个单词的速度打字，准确率达97%，但根据打字网（typing.com）的学生打单词测试，一般人每分钟大约打52个单词。当考虑到说英语的人通常每分钟可以说120到160个单词，或者说，平均来说，是普通打字员速度的3.5倍，那么键盘作为一个文本输入界面的效率有多低就立刻变得很明显。

从台式机和笔记本计算机到智能手机的持续转变进一步加剧了这种情况。虽然我绝不会考虑用智能手机写书，但人们正用它来进行更详细的输入。令人惊讶的是，普通打字员的平均打字速度并没有下降得很大——根据芬兰阿尔托大学和英国剑桥大学的研究人员在2019年所做的一项研究，平均速度为每分钟36.2个单词——输入速度是语音的五分之一，令人沮丧。

有传言说，史蒂夫·乔布斯鄙视键盘，即使在公开场合，他最常被提及的时刻是拆开键盘，声称自己特别讨厌功能键。然而，我认为这种沮丧更多地源于意识到键盘在很大程度上是低效的。

当你考虑实施具有人工智能功能的聊天机器人和其他形式的信息采集（如在移动设备上）的机会时，请考虑语音采集和传输的可能性。越来越多的人喜欢使用语音输入，而千禧一代和Z世代的采用率很高，他们不是在打字机和文字处理器的世界中长大的。幸运的是，大多数设备，包括流行的智能手机型号、笔记本计算机和流媒体服务设备，已经提供了一个语音界面，因此将其扩展到你的品牌体验所需的努力应该是相对最小的。

增强现实（AR）

我认为另一个值得调查和投资的趋势是增强现实。增强现实是一种将视觉效果叠加在物理图像上的解决方案，今天的人们正在积极使用它，主要是通过手持式智能手机或平板计算机上的摄像头。一个流行的例子是宜家的布置（Place）应用程序，这是一个将宜家产品插入房间的家具可视化工具。当你手持智能手机或平板计算机在房间里走动时，你可以从不同的角度看到这件作品。截至2020年，通过新的iPod pro上的工作室模式，该应用程序能够分析更详细的三维深度信息，以创建一个更真实的图像。事实上，如果你愿意，你可以打开和关闭虚拟灯光，看看他们如何改变场景。如果你没有使用它，我建议你去探索一下，因为它是反映增强现实潜力的最好例子之一。另一个成型的、受欢迎的例子是优美公司（Ulta Beauty）的GLAMlab，这是一个虚拟产品试用应用程序，它再次使用手机或平板计算机的摄像头将产品直接叠加在人身上，允许个人改变他的头发颜色，尝试各种产品，并评估外观。根据优美的应用描述，所有的质地、颜色和表面处理都是真实存在的。其他行业也有一些例子，但增强现实肯定会向零售或直接面向消费者的品牌倾斜，这些品牌有兴趣看到产品在实际环境中的应用。聪明的品牌正在将增强现实引入商店本身，实现"魔镜"功能，在更大的屏幕上提供同样的能力，通常具有更高的保真度。这是一个很好的技术应用，满足了一个明确的需求，但它远远不是变革性的。

正如本章前面所讨论的那样，真正的变革性创新将涉及某种形式的视觉可穿戴设备，使我们能够与增强现实进行互动，而不是悬放着智能手机摄像头只是与屏幕互动。考虑谷歌已经通过谷歌眼镜在这一领域下了很大的赌注，同时也了解到几家小众供应商一直在投资这一能力，而仍没有赢得特定应用案例之外的市场，我的观点是，增强现实将在不久的将来迎来分水岭，加速应用，最终会从二维浏览器和智能手机界面转型出去。

什么会推动增强现实的应用？我相信主要是商业应用，比如我的工作室用谷歌眼镜制作的保险理赔应用程序。生产率提高的潜力是巨大的。在隐私规则的合理范围内，面部识别应用是另一种应用。视觉通知，可能是在视野的外围，将使人们能够与他人保持接触，而不会因为不断振动的智能手机而产生让人尴尬的分心。当个人浏览商店时，产品的细节可以叠加在视野中。管理人员可以扫描餐厅，以确定如何根据当前服务员的分配来优化客户的座位。尽管在我看来，将由公司内部应用程序来驱动采用该技术，但该技术将转移到前台，最终品牌打造体验的机会将出现。从公司客户到消费者的发展是包括个人计算机在内的其他技术所遵循的道路，这种发展路径并非罕见。

作为一个例子，想象一下公司增强现实技术在制造工厂的应用。当生产线上的每个人完成他的任务时，他的视觉可穿戴设备可以评估和分析产品，确认任务是否正确执行，确认尺寸是否在标准参数之内，并确认在该阶段没有异常。该应用还能继续推进，极大地减少最终产品的质量问题。

作为另一个例子，想象一下增强现实技术在医疗服务环境中的应用。医生和护士可以在他们的视线内看到病人的数据、诊断和指定的处置，而不需要再转头去找附近的计算机，也不需要登录Epic、Cerner（二者为美国医疗管理软件品牌）或其他系统来提取这些数据。当病人描述他们目前的状态，或者当医生或护士完成他们的评估时，语音助手或手势界面可以实时更新病人的资料，并提示建议的处置操作。这将改善病人的体验，同时也同样改善医生和护士的体验，特别是在医院查房等时间有限的情况下。

说到界面，就像对话界面将由人工智能语音助手来加强一样，增强现实将由手势界面来加强。电影《少数派报告》使其大受欢迎，其中的人物用巨大的手势来操纵透明的增强现实界面，未来的体验将把手势作为一种导航形式。这在语音助手不适用的环境中会特别有用。如果你坐在图书馆或电影院里，而你需要参与一个应用程序。你不会想要开始对你的设备说话。手势是正常和自然的，而且动作可大可小，可以应用于多种环境。苹果公司再次开创了滑动手势界面的先河，现在已经扩展到一系列的设备，但很快这些手势将不需要物理触摸设备。相反，它将被增强现实扫描仪检测到，并直接与视觉显示领域互动。

我不相信我们会演变成一个人人都在空中疯狂挥舞手臂的社会。相反，受控的手势能够而且将会成为一种强大的导航方法，将进一步使品牌体验人性化。投资于今天可用的东西，并将你的体验定位在利用先进的增强现实解决方案上，这可能是一个值得投资的做法。

🐦 元宇宙和 NFT

最后一个体验趋势是元宇宙，它也是为几代变革提供了最大潜力的趋势。元宇宙（Metaverse）这个概念在2021年获得了巨大的发展动力，当时Meta（元宇宙，原名脸书）的创始人兼首席执行官马克·扎克伯格（Mark Zucketberg）将其作为他在2021年连接大会上的主题演讲，现在它似乎是一个主导技术和金融对话、新闻发布和投资策略的术语。

那么，元宇宙究竟是什么？它更像是一个概念，而不是一个物理对象。《连线》杂志在2021年11月的文章中很好地阐述了这一点，埃里克·拉文斯克拉夫特（Eric Ravenscraft）解释说，元宇宙包含了两个概念，一个是沉浸式的互动体验，另一个是数字经济。

元宇宙体验很容易被描述为一组虚拟世界，最常见的是通过浏览器、智能手机或游戏机访问，但现在扩展到包括虚拟现实和增强现实界面。在虚拟世界中，每个人是以化身的形式出现的，这是一个人的数字代表。化身设计的限定是相当开放的，允许独特的个性表达。也许最有趣的是，这些虚拟世界即使在个人不在线的情况下也会继续存在和运作；这些世界是一个替代性的、技术支持的空间，人们在这里互动、参与，并随着时间的推移聚集在一起，不管实际参与人是谁。有许多虚拟世界的例子，在写这篇文章时，一些最流行的虚拟世界包括堡垒之夜（Fortnite）、分布式大陆（Decentraland）和沙盒（The Sandbox）。

这些虚拟世界中的大多数都基于收益的概念，但游戏本身已经被游戏中提供的体验所掩盖。例如，艾佩克（Epic）游戏公司的《堡垒之夜》在2021年举办了多场音乐会，包括特拉维斯·斯科特（Travis Scott）和棉花糖（Marshmello）的流行表演，但最引人注目的是爱莉安娜·格兰德（Ariana Grande）的虚拟音乐会，吸引了超过2770万独立用户参与。据估计，她在这场音乐会赚取了超过2000万美元。同样，史努比狗（Snoop Dogg）在沙盒购买了一块虚拟土地，据说这是一个"允许用户在游戏中玩游戏的虚拟元宇宙世界"，这导致多个高净值人士在邻近史努比狗狗的地方购买了虚拟土地，价格在35万—45万美元。

然而，正如拉文斯克拉夫特在他的《连线》文章中所解释的那样，元宇宙的概念不仅是一种体验；它也是一种独特的数字经济，突然有了巨大的潜力。这体现在堡垒之夜中爱莉安娜·格兰德的演唱会，和沙盒中史努比狗狗旁边的虚拟土地交易。事实上，截至本书在2022年写作时，个人和品牌正在投入大量资金，以确保拥有在最受欢迎的元宇宙世界中的虚拟房地产。（沙盒在2021年11月发推文说，超过165个名人和品牌合作伙伴已经购买了土地）。然而，这种经济并不只是从事大宗交易；在元宇宙的各种实例中，用户可以创造、购买和销售商品。人们对自己的化身的外观进行投资，购买由拉夫·劳伦、耐克和古驰等品牌出售的独家数字产品。人们正在购买活动的使用权，如史努比狗的派对宫殿，人们正在购买体验，如在分布式大陆的米勒啤酒酒吧玩虚拟飞镖时喝虚拟啤酒。

这种简单定义的复杂性反映了这个词本身的复杂性。正如拉文斯克拉夫特在他的文章中所说，今天试图描述元宇宙就像在20世纪70年代试图描述互联网。基础是存在的，但还有很多东西需要定义，所以早期的大部分参与仍然是试探性的。

有些人把元宇宙称为Web 3.0，或互联网的第三代。为了尝试进一步简化这个第三代互联网，元宇宙被设想为一个虚拟现实世界的集合，我们可以通过和现实世界类似的方式在其中交互和移动。我们可以创建一个虚拟化身来"生活"在这个虚拟世界中，我们可以购买和出售虚拟商品，包括盖有虚拟房屋的虚拟土地、虚拟服装、虚拟食品和饮料以及虚拟艺术品。这些虚拟物品中有许多被称为NFT，本节后面将会更详细地描述。

元宇宙的概念和这个术语本身可以追溯到20世纪90年代初，1992年它被用在尼尔·斯蒂芬森（Neal Stephenson）的小说《雪崩》（*Snow Crash*）中。按照科幻小说预测未来的模式，斯蒂芬森设想了由虚拟现实驱动的存在，这个设想出人意料的准确。他设想了一个可以通过护目镜进入的三维虚拟世界，它将是完全互动的，并允许定制化身。

更值得注意的是2003年推出的"第二人生"的持续成功。对于那些不熟悉的人来说，"第二人生"是一种在线体验——一个虚拟世界——在这里，用户创建一个化身，浏览虚拟化的现实世界环境，并与代表世界各地人们的其他化身进行互动。从根本上说，这就是元宇宙的概念。它展示了虚拟互动的潜力，也许更重要的是，它展示了元宇宙可以被货币化。在"第二人生"中，有免费账户和付费账户，那些参与其中的人倾向于支付经常性费用。但也许更有趣的是，这些用户也愿意为虚拟土地和虚拟体验付费。这开辟了一个充满可能性和潜力的世界，也为元宇宙的未来奠定了基础，这仅是投资的早期阶段，接下来让我们看看又发生了什么。

虽然"第二人生"和许多在上世纪初推出的数字体验一样，人气下降了，但它对许多专门的用户来说仍然有意义。第二人生背后的母公司林登实验室（Linden Labs）在2013年发布了一张信息图表，声称活跃用户群超过100万，在最初的10年中创建了3600万个账户。在2021年，该指标改为平均每日访客数，即每天20万人，但用户分布很可能每天都在变化，这将增加平均用户数。考虑到这是一个全球性的用户群——目前的一份报告显示：只有50%的活跃用户群在美国——这是一个很小的采样率，但它是一个积极参与的用户群。在这个社区里，人们在虚拟咖啡馆见面、在虚拟商店购物、在虚拟健身房锻炼、在虚拟俱乐部跳舞。虚拟世界里有虚拟婚礼，有婚礼场地、马车、现场商贩，甚至还有拍照点。人们正在投资他们的虚拟房屋，建立虚拟店面，并在社会中运营，就像是真实的世界一样。虽然采用率很低，但这种行为表明，向虚拟化社会的转变是可能的，至少是为了逃避现实生活。

作为一个概念，元宇宙的显著加速发生在2021年。马克·扎克伯格宣布将公司名称从Facebook改为Meta，公开为公司制定战略，将重点放在虚拟现实运动的发展和资本化上。其他公司已经开始投资这一领域，包括最引人注目的字母表、苹果和微软公司，但扎克伯格已经完全将其公司的商业战略和名称转向元宇宙。他这样做是有原因的，因为随着社交媒体迅速转移到其他平台，脸书显然是一个正在衰落的品牌，更令人兴奋的是，按目前的估计预测，元宇宙将带来10 000亿美元的收入。如今，大多数元宇宙环境仍然是通过浏览器或游戏机访问的，但扎克伯格希望它能转向虚拟现实。我的猜测是，它可能会演变成增强现实和浏览器或智能手机的组合，而虚拟现实主要是年轻玩家的界面，他们更愿意参与到一个完全沉浸的环境中。无论使用何种界面进行访问，元宇宙的趋势似乎都有很大的潜力。

另一个推动元宇宙发展的是，2021年NFT的创建和销售进入了的主流市场。NFT首次创建于2014年，当时数字艺术家凯文·麦考伊铸造了一个填充了不同形状的像素化八角形，以催眠的方式跳动。他将其命名为"量子"。NFT是在自由市场上创建、购买和出售的数字资产，所有的交易轨迹细节和所有权细节都记录在区块链上。区块链上不可磨灭的记录确保了NFT的所有特征都被记录下来，减少了造假和欺诈的风险（这就是为什么这些资产是不可替代的原因）。几乎所有的NFT都是用加密货币购买的，目前以太坊已经成为一种标准。

如果你对加密货币或区块链技术的理解程度不足读懂前段内容，也不必担心。你不需要知道所有与NFT有关的行话和术语，就可以掌握NFT或元宇宙的基本概念，所以你可以在另一个时间研究基础术语。需要了解的是，在2014年至2020年，购买、出售和拥有NFT是标准化的，实际买卖主要限于虚拟游戏环境。

2021年，情况发生了巨大变化。据《卫报》（*The Guardian*）报道，2020年据不同来源的信息，NFT总销售额在1亿美元至3.4亿美元，而2021年报告的销售额为220亿美元。2021年11月，开始这一切的原始"量子"NFT在苏富比的数字拍卖会上以超过140万美元的价格售出。人们开始以创纪录的水平购买虚拟房地产，三位投资者每人花费40多万美元购买了艺人史努比狗狗的虚拟财产旁边的一块虚拟土地。另一位投资者以240万美元购买了一块虚拟地块，还有一位投资者花费65万美元购买了一艘虚拟的巨型游艇。所有这些交易都是用加密货币完成的，但加密货币交易是以现金估值为基础的，这对你的品牌来说是一个真正的机会。

早期采用者，如古驰和可口可乐正在通过推出限量版的数字资产来利用这种NFT热潮。古驰首次涉足NFT领域，灵感来自古驰最近的电影《古驰咏叹调》（*Gucci Aria*），在拍卖会上为该品牌筹集了25000美元。可口可乐在8月推出了它的第一个NFT，收益用于特奥会。其在国际友谊日（2021年7月30日）在虚拟元宇宙分布式大陆举办了一个虚拟的"罐顶"派对，以音乐、赠品和首次亮相的友谊盒NFT为特色。此外，来自可口可乐和一系列元宇宙组织的代表，包括他非（Tafi）、开放海（OpenSea）和分布式大陆基金会，在分布式大陆的"纷争（Discord）"频道上主持了一次现场AMA（Ask Me Anything，可以问我任何问题）聊天，讨论可口可乐友谊盒NFT合作以及它对元宇宙的意义。

可口可乐的新闻稿中引用可口可乐商标全球高级品牌总监欧那·卫拉德（Oana Vlad）的话说："这些活动为体验增加了可信度和真实性。他们有助于在加密社区以及商业、生活方式和科技媒体中引起强烈反响，也有助于为我们的可口可乐商标的社交媒体带来新的年轻受众。"总的来说，这是一个巨大的成功。可口可乐友谊盒NFT包括一个具有动态运动和照明功能的虚拟老式可口可乐冷却器，里面还有其他三个NFT：一个定制设计的可口可乐泡泡夹克，可以在分布式大陆3D虚拟现实平台上穿；一个可以将声音可视化的工具，能显示出享受可口可乐的声音效果；还有一张1948年的可口可乐友谊卡，上面有更新的艺术品。可口可乐友谊盒NFT以超过575000美元的价格被拍卖出去。中标者还获得了一个真实的、装满产品的可口可乐冰箱。

你会记得在第五章"销售体验，而不是产品"中，我提到耐克和阿迪达斯也已经开始探索元宇宙中的NFT的潜力。耐克公司在2021年12月宣布，它购买了RTFKT工作室，这是一家数字可视化机构，耐克公司称"利用尖端的创新来提供融合文化和游戏的下一代收藏品"。 2021年2月RTFKT声称，与青少年艺术家菲沃舍斯（FEWOCiOUS）合作销售真实与虚拟的运动鞋，在短短7分钟内成功销售了600多双实物鞋和NFT虚拟鞋，产生了310万美元的收入。耐克公司认识到，它需要定位来抓住这个未来的机会，在它的新闻稿中引用了耐克公司总裁兼首席执行官约翰·多纳霍（John Donahoe）的话："这次收购是加速耐克公司数字化转型的又一举措，使我们能够在体育、创意、游戏和文化的交汇处为运动员和创作者提供服务。我们收购的是一个非常有才华的创作者团队，拥有一个真正的联系紧密的品牌。我们的计划是投资于RTFKT品牌，服务和发展它的创新和创意社区，并扩展耐克的数字化商业和能力。"

阿迪达斯也不甘示弱，宣布在2021年11月与当年最成功的NFT生产商之一——无聊猿游艇俱乐部（Bored Ape Yacht Club）合作，推出了3万件阿迪达斯原创NFT限量版产品。这些NFT在不到一秒钟的时间里就卖光了，阿迪达斯在这次活动中赚了2340万美元。阿迪达斯采用了独家发售策略，在社交媒体渠道上进行保密和独家发售的滴水式营销，这既增加了人们的期待，也增加了事件的价值，这都促成了这一结果的达成。

这些品牌的例子——还有许多其他品牌案例可讲——令人印

象深刻，应该受到赞扬。他们在客户体验中拥抱创新和新奇的理念，将这种体验延伸到这个新兴的虚拟现实和NFT世界，同时坚持其品牌的愿景和战略。然而，这些都是战术性的活动，只是触及了这个潜在的新兴机会的边缘，这是可以预期的，因为元宇宙仍然处于新生阶段。就像之前的互联网和相关的数字化转型一样，它很可能是渐进的、不断发展的，但有时甚至是动荡的演变。

要说清楚的是，我们不能保证元宇宙概念会一飞冲天。目前的NFT投资飙升有迹象表明这是一个非理性的泡沫，尽管只有时间才能证明情况是否如此，或者这是否是一种持续的趋势。我在20世纪90年代认识的一位首席信息官客户告诉我，互联网只是一种一时的狂热，我不打算步其后尘。我坚定地认为，元宇宙互动的形式将生根发芽，成为全球社会的一部分。然而，我同样要提醒的是，元宇宙扩展的广泛性——开启了它向几乎各种方向发展的可能性。如果你想在最近的历史中寻找相似之处，可以反思一下美联网、美国在线和雅虎在数字化时代早期的故事集。他们都透露出宏伟的早期想法，但却被困在数字进化的分支中，最终灭绝了。达尔文的发现同样适用于数字化转型和后数字化转型，目前我们还不知道哪些概念会幸存下来。

明智的做法是现在就开始保守地投资于元宇宙概念，可能是通过席卷该领域的NFT热潮，因为如果这个平台真的扩大了，消费者和企业买家开始在这个虚拟世界中互动，你需要准备好建立一个能反映你品牌身份的体验。在许多方面，这将是实体和数字化体验的最终融合，因为虽然这完全是一个数字平台，但它将由真实的人和人工智能驱动的对话界面共同组成，这将有助于帮助客户完成从品牌知晓到交易到服务的一切，最终形成品牌忠诚度。元宇宙完全有可能成为品牌互动的主要方式，在10年内有效地取代目前的方式——台式机、笔记本计算机、智能平板计算机和智能手机——人们使用不再让人感觉突兀的视觉和音频可穿戴设备进入元宇宙。在这里人们可以获得和朋友一起购物的最棒的社交体验，包括一起喝咖啡和吃午餐，也能获得在线办公的极致便利。它与生俱来就能把人们连接在一起，以及获得面对面开会时的关注，让人们不需要为每次会议而耽误数小时的时间和花费大量的费用。它提供了一个规模化的人与人服务的机会，单个服务人员有可能在高度进化的AI聊天机器人的支持下，并行为许多客户提供服务。我们不一定要像今天这样戴上虚拟现实眼镜——技术将不可避免地发展和改进，资金充足的公司正在探索可能的艺术。当你反思我们在过去25年里所推出的产品时，就不难想象在未来10年到15年里体验的真正革命，以及它将带来的品牌体验机会。

第十一章
你应该从哪里开始

第四章到第九章探讨了使你的体验与你的品牌战略保持一致的六种策略，第十章探讨了在定义你的未来品牌体验时应该考虑的几种新兴趋势。现在自然要问的是："我应该从哪里开始？"考虑公司品牌战略的复杂性，和同样的品牌所处市场的复杂性，以及最后将两者与公司举措相结合，以求在短期和长期内产生最好的影响和回报，可能会让人有点不知所措。大多数情况下，最好的开始是进行评估。我经常告诉我的客户，可以使用一系列的三种评估方法。

评估的三种方法

总有理由评估你的经验，寻找改进的机会。

我和很多组织合作过，根据他们的重点和需求，实用的评估方法一般分为三大类。这三种方法都是有效的，并能增加参与度和财务指标。

我曾与多个行业的品牌合作，这些品牌在某一特定的业务、地域、客户群或渠道中看到了明确的、可衡量的负面结果，而评估的最初重点是在体验接触点的组合上。负面结果不一定意味着负增长或高流失率——它可能是呼叫中心的呼叫处理成本增加，网站主页的访问率下降，或者是竞争对手宣布他们正在引入一个新的体验策略，并在市场上获得积极关注。不管怎么说，如果有迫切的需求，把注意力集中在这个领域，并围绕改善个别的绩效指标来建立体验现代化战略的根基，就会有明显的收获。

此外，我曾与一些更积极主动的企业合作，他们认识到需要持续关注他们在各个渠道的体验的有效性和相关性，他们需要进行更广泛的评估以找到迫切的需求。这种更广泛的市场扫描可以相当有效地完成，并能迅速形成一个可以按顺序实施的行动路线图，同时明确成功的衡量标准，以使团队立足于可量化的目标。

最后，我曾与真正有远见的企业合作，他们利用体验评估来识别机会，通过全新的、新颖的、创新的、节省时间的体验，在客户旅程的每个阶段与客户进行更深层次的接触，使自己与竞争对手区分开来。本书介绍的案例品牌都属于这一类，这就是为什么他们的故事以及从中吸取的经验如此引人注目的原因。

评估的三个先决条件

在开始评估之前，必须具备三个先决条件。

首先，也是最重要的，确保已经掌握了为品牌制定的最新身份指南，既要了解品牌战略，又要了解品牌的基调和品牌传达的信息。这将使你能够有效地将体验映射到整体品牌声音之中。与品牌战略团队坐下来详谈，要彻底了解品牌的主张、声音和个性。

其次，你需要对已有客户和潜在客户进行市场分析。如果找不到一个相对较新的市场细分研究，你就需要实施研究，先确定细分市场中的详细的客户动机、需求和情感触发因素。这可以是广泛的，也可以是非常具体的，取决于你要解决的问题。但对于评估的初始阶段，具体的通常比笼统的要好，因为随着你工作范围的扩大，工作量会增加，颗粒度会降低。如果你没有时间或预算来完成全部的工作，有一些机构和分析小组可以迅速汇编关于目标市场的一般见解，但如果可能的话，快速调查和相关分析是非常有价值的，因为了解你的市场和驱动市场行为的触发因素是任何体验努力的关键。没有这些，你就只能依靠直觉，而且实际上，你的改进计划是在黑暗中进行的。

最后，你需要了解客户旅程——客户通过知晓、搜索和评估、交易、服务和忠诚度的主要路径。这通常被称为"幸福之路"，而且它很可能已经存在于公司的某个地方。如果没有，也可以迅速建立。可能会有一些关于偏离幸福之路的讨论，这些讨论与评估本身有关，而且在跨渠道评估旅程时，可能会有多个幸福之路需要考虑。然而，最重要的是建立一个基础性的理解，因为它将为大部分的决策和分析奠定基础。正如我经常建议客户的那样，不要让完美成为美好的敌人。对旅程的总体看法将足以满足你的初步评估，而旅程本身可以在你完成初步评估后不断更新，并且在你开始调整体验的要素时进一步更新。

🔹 评估的三个具体领域

具体了上一节的三个先决条件后可以开始评估，评估应该涉及三个具体领域。

第一个评估领域是要评估渠道以及每个渠道中的接触点是否正确表达了你的品牌。这通常是通过一个称为"由外而内"或"自上而下"的启发式过程来完成的，或者被称为"体验拆解"的过程来完成。不同的机构和咨询公司会有他们自己的词汇，但过程和目标是相同的。这是一种手动的方法：来自你的团队或数字机构合作伙伴的用户体验专家，通过跟踪从最初的参与承诺，再到忠诚度的幸福路径来模仿你的客户体验。他们将测试幸福路径的多次迭代，因为，正如我们在本书前文详细探讨的那样，客户有多种发现和知晓品牌的路径。探索客户最初的知晓路径为整个品牌体验的基调设定了背景。这些路径可能会在实体和数字化体验的不同点上着陆，所以这个过程需要反复几次才能获得完整的认识。对于有实体体验的品牌来说，在关键地点进行神秘购物者调查、无声观察或者一系列的访谈——最好是对员工和客户的访谈——将提供所需的洞察力。

除了这种对体验的直接评估，扫描社会和网络渠道以完成对品牌的情感分析也是很有价值的。这通常是通过数字聆听工具来完成的，这些工具可以识别相关的网络和社交媒体帖子，爬取并通过算法来评估所表达的情绪。就像任何机器学习技术一样，自动评估并不完美或完全准确，但它迅速加快了本来是痛苦的手工过程。市场上有许多提供这种功能的工具，虽然我有自己的最爱，但我不会在这里提供推荐。建议与你的数字机构或咨询伙伴合作，选择一个最适合你的品牌需求的工具。

也可以利用标准的情感指标，如净推荐值法或客户满意度来更深入地了解对品牌的看法，但这些都是对品牌忠诚度和产品满意度的广泛测量，并没有具体到品牌声音、基调和与品牌战略的一致性。在第一个评估领域中，我仍然限制使用这些测量方法。

这项工作听起来很广泛，但如果有一组经验丰富的从业人员，它可以在几周内完成，在相对较短的时间内得出重要的见解，并制定出优先改进的路线图。

第二个评估领域是你的体验在满足客户需求和期望方面的有效性。这可以也应该通过前面描述的相同的启发式过程部分完成，但评估侧重于完全不同的体验元素。用户体验专家将针对市场评估中定义的目标客户有条不紊地工作，不仅评估其体验是否满足特定需求，还评估需求被满足的有效和明晰程度。诸如点击路径、页面加载速度、导航效率和界面布局等指标将影响这一评估。在实体和数字环境中，内容和可视化都将根据已知的情感触发器进行评估。同样的情感分析工具和店内访谈将提供关于期望和需求是否被满足的实时观点。

除此之外，团队还应该完成对跨数字渠道分析的全面审查，评估访客在哪里参与，参与的数量，然后评估整个旅程的渐进指标。随着即将到来的"cookie之死"，这将消除跨页面追踪，以及当今客户互动的异步性——他们可能进入网站、离开、运行搜索、进入另一个页面、离开、下载移动应用程序、链接到一个社交帖子、最终去了一个实体店——用指标来定义一个特定的客户旅程正变得不可能，但客户参与的高峰和消退将提供洞察力，让公司了解哪些工作是有用的，哪些是无用的。同样，这种评估将导致一个优先的行动路线图，它可以与品牌声音路线图一起协调，以创造一套优先的行动和改进方案。

第三个评估领域应该是衡量品牌体验在推动客户完成其旅程方面的有效性。这项评估的颗粒度和整体准确性将取决于你目前收集的关于潜在和现有客户的数据的深度，以及跨实体和数字渠道的行为数据的深度。大多数企业的数字化体验都有基本的指标，可以追踪独特的访问量、独特的打开量和独特的来源路径。

交易可以在网上和门店内进行测量，以衡量趋势，然后在适当的时候，可以通过忠诚度计划测量现有客户的重复购买率和钱包份额的增长情况。目的是在旅程的各个阶段发现是否有明显的下降，这将导致在路线图上的额外优先权。

敏捷的体验创新

一旦路线图完成，接下来的行动就是建立一组基于敏捷的运营团队，以进行计划中的行动。这些团队应该同时关注体验改进和发展——新的体验创新——以及整个漏斗的体验运营。

前者专注于每个接触点的持续改进和现代化，包括实体和数字触点，吸收来自客户、员工、自动聆听渠道和数据本身的输入。路线图应转化为一系列计划，然后将其分解为任务和快速迭代的创新发布。基于市场的反应，这一系列的计划将继续向前，优先级也将改变。从本质上讲，市场反应将指导优先次序和发布时间表，创新引擎也将被激发出来。

后者侧重于对市场的主动沟通，包括对潜在和现有客户的沟通。有了前所未有的沟通渠道，包括实体的、电子邮件、社交、通知、流媒体服务等，与客户在整个漏斗中进行主动讨论的机会从未如此丰富，它需要一个测试和学习，基于敏捷的方法来确定什么是针对不同细分市场和不同人设的最佳沟通方法。同样，正如前面所讨论的，客户的反应数据将有助于指导这些计划，并且该方法将随着市场需求不断发展。

对于那些不熟悉敏捷方法的人来说，其基本原则包括努力创造一个最小可行产品，或称MVP（Minimum Viable Product），并在市场上测试该产品，通过直接沟通和分析收集实时反馈，并对市场反应做出回应，以不断完善解决方案。敏捷团队在工作中不断沟通，密切协作，每天开会，回顾前一天的进展和当天的任务。关键的决策是在产品负责人的指导下在团队内做出的，产品负责人对正在开发的解决方案的业务需求负有最终责任，并且根据团队是否遵循Scrum或看板（敏捷项目管理的两种常用方法），有不同的方法来管理项目的任务和整体范围。

这是对敏捷方法的一个非常快速和高层次的描述，如果这不是你的组织积极采用的方法，我会强烈推荐你的团队与敏捷教练接触，他可以帮助构建团队角色，并对方法的仪式和流程进行团队培训。机构、咨询公司和直接聘用的专家可以为你的团队带来这种洞察力和理解。适应这种方法可能需要时间，但敏捷的好处在于它是为速度和效率而设计的，将市场测试优先于内部设计，将迭代开发优先于完整的解决方案开发。对于体验改进来说，这是一个自然的契机，因为敏捷方法鼓励创新和创造性的探索，同时，它也允许组织砍掉那些没有达到预期品牌影响的更改。

　　根据组织的运营结构和文化，这可能是一种常见的方法，也可能是一种思维上的巨大转变。幸运的是，对于那些并非自然倾向于采用敏捷原则的组织，有几种混合模式可以提供该方法的一些好处。在组织允许的情况下采用尽可能多的敏捷原则肯定会提高回报，所以我鼓励你帮助所在的组织尽可能多地扩展自己。

　　关键是要认识到品牌体验不可能是静止的，因为一旦停止发展体验，品牌就会开始堕入古板和无关紧要。你的市场和客户将不断发展，他们用来与你接触的方法和技术将继续改进。与新出现的后数字化转型时代相比，我们在数字化转型时代所经历的变化速度可能会感觉很慢，而那些在保持品牌宗旨、愿景和声音的前提下，继续根据市场发展其体验的品牌，将在这个时代中比以往更强大。在此祝你好运，我期待着在未来的几年里，无论市场如何发展，都能与你的品牌相逢！